Entdecke die Welt der
Dinosaurier

Entdecke die Welt der

Dinosaurier

Klaus Gröper • Mario Kessler

gondolino

© für diese Ausgabe: **gondolino** in der Gondrom Verlag GmbH, Bindlach 2004
Umschlagillustration: Mario Kessler
Schautafeln: Robert Erker
Satz: DTP Johanna Boy, Brennberg

ISBN: 3-8112-2300-3

5 4 3 2 1

Inhalt

Als Dinosaurier die Welt beherrschten

Schon bevor die Sonne über den Mangrovensümpfen aufsteigt, lauern die beiden Raubsaurier der Gattung Tyrannosaurus-Rex im dichten Unterholz. Ihre tonnenschweren Körper haben sich tief in den warmen, morastigen Boden gewühlt. Nur die langen, muskelbepackten Hälse mit den verhältnismäßig kleinen reptilartigen Köpfen heben sich manchmal über Büsche und Bäume.

Im Dämmerlicht des beginnenden Tages spähen ihre scharfen Augen hinüber zur Wasserstelle, um dann weiter bis zu der kleinen Felsnase zu wandern, in deren Windschatten die begehrte Beute liegt: Eine Herde pflanzenfressender Dinosaurier der Gattung Triceratops hat dort für die Nacht eine lebende Wagenburg gebildet. So schützen sie die Jungen in ihrer Mitte vor raubgierigen Fleischfressern, vor denen selbst in der Dunkelheit kein Lebewesen sicher ist.

Schnaufend wuchten die gepanzerten Kolosse jetzt ihre zehn Tonnen Fleisch auf die kurzen, kräftigen Beine und machen sich auf den Weg zum Wasser. Dabei achten sie darauf, dass sich keines der

Im Dickicht lauert die Gefahr: Zwei hungrige Tyrannosaurus-Rex beobachten eine Herde von Horndinosauriern, die auf dem Weg zur nächsten Wasserstelle ist. Die Gelegenheit zum Angriff ist günstig, als sich einige der langsamen Pflanzenfresser von der Herde entfernen.

Jungtiere zu weit von der Herde entfernt. Trotzdem, der Durst ist stärker! Schnell lockert sich die schützende Ordnung. Während die ersten Tiere bereits das klare Wasser des Sees schlürfen, trotten andere gelassen hinterher und rupfen zum Frühstück ein Maul voll Eichenlaub oder einen saftigen Palmzweig.

Darauf haben die Könige der Raubsaurier nur gewartet. Ächzend schieben sie sich aus ihren Morastmulden und erheben sich zu voller Größe. Aufgerichtet reichen sie bis an die Kronen der höchsten Bäume heran. Aber das satte Grün interessiert sie wenig. Auf zwei Beinen unbeholfen watschelnd, dabei Hals und Schwanz wie eine riesige Balancierstange haltend, setzen sich die Riesen in Bewegung. Als sie offenes Gelände erreichen, werden die Schritte zu überraschend behänden Sprüngen, und schließlich jagen sie von hinten auf die Herde der Pflanzenfresser zu. Als deren Leittier warnend schnaubt, ist es für einen älteren Triceratops, der weit zurückgeblieben ist schon zu spät. Zwar versucht er noch herumzuwirbeln und seinen Kopfpanzer, der wie ein Schneepflug vom Hals absteht, zwischen die fürchterlichen Gebisse der Räuber und seinen ungeschützten Körper zu bringen, aber mitten in der Bewegung wird er von den angreifenden Tyrannosauriern einfach umgestoßen. Muskulöse Kiefer packen zu und lange, messerscharfe Zähne bohren sich in die Weichteile und reißen tiefe Wunden. Blut schießt in den Sand. Dann ergibt sich das Opfer nach einem letzten Aufbäumen in sein Schicksal.

Der König der Raubsaurier hat sein fürchterliches Gebiss weit aufgerissen. Mit einem letzten, großen Sprung stürzt er sich auf einen älteren Triceratops, der weit hinter der schützenden Herde zurückgeblieben ist. Schon nach wenigen Minuten ist der ungleiche Kampf beendet.

Wenige Minuten später sind die Sieger gesättigt und beobachten gelassen die Triceratopsherde, die sich in einiger Entfernung wieder schützend um ihre Jungen geschart hat. Ihre gepanzerten Köpfe mit den drei lanzenartigen Hörnern bilden nun wieder eine waffenstarrende Festung, die selbst vor den hungrigsten Raubsauriern Schutz bietet.

Während sich das räuberische Tyrannosaurus-Rex-Pärchen für den Rest des Tages in den Schatten riesiger Platanen zurückzieht, pirschen sich vorsichtig die ersten Aasfresser heran. Auch zwei Dein-

onychus-Raubsaurier rechnen sich gute Chancen aus, ein paar Kilo von dem erlegten Triceratops abzubekommen. Sie selbst sind gegen die acht bis zehn Meter hohen Tyrannosaurier Winzlinge, aber nicht weniger gefährlich. Sie wiegen zwar nur etwa 45 Kilo, erreichen aber mehr als 70 Stundenkilometer Geschwindigkeit und fügen ihrer Beute mit scharfen dolchartigen Hornkrallen schwere Verletzungen zu.

Von dem Kampflärm am See scheint auch der Rest der Urzeitwelt geweckt worden zu sein. Riesige Flugsaurier mit bis zu elf Metern Flügelspannweite schweben aus ihren Felsennestern heran. Ein bisschen schwerfällig stoßen sie mit ihren langen Schnäbeln auf das Wasser nieder, um nach Fischen oder kleinen Echsen zu jagen. Dabei müssen sie aufpassen, dass sie nicht selbst zur Beute werden. Denn aus der Tiefe des Sees oder aus dem dahinterliegenden flachen Binnenmeer können blitzschnell langhalsige Plesiosaurier heraufschießen und mit ihren scharfen Zähnen zuschnappen. Selbst pfeilschnelle Fische erwischen sie. Da sind die Urflieger mit ihren lederartigen Schwingen, die für einen Flügelschlag zwei Sekunden brauchen, eine leichte Beute.

Wenn die großen und kleinen Flugsaurier mühsam wieder an Höhe gewinnen, können sie am Horizont der weiten Savanne eine Herde Supersaurier erkennen, die langsam näher zieht. Auch sie haben Jungtiere dabei, müssen aber weniger ängstlich sein. Aus einer Kopfhöhe von 17 Metern lässt sich ein Feind schon lange vor einem Angriff entdecken und selbst der gefährliche Tyrannosaurus-Rex könnte von

Riesige Flugsaurier gleiten auf der Suche nach Beute über den See. Unbeeindruckt von dem eben zu Ende gegangenen Kampf, nähert sich auch eine Herde mächtiger Pflanzenfresser dem Wasser. Eine Szene aus dem Leben in der Urzeit vor ungefähr 70 Millionen Jahren.

einem Tritt der hundert Tonnen schweren Pflanzenfresser mühelos zermalmt werden – so ähnlich, wie es heute manchmal Elefanten mit unvorsichtigen Löwen machen. Nur ist ein Supersaurus so schwer wie eine ganze Elefantenherde. Wenn sich eine Herde Supersaurier in Bewegung setzte,

um angreifende Räuber zu vertreiben, muss die Erde gebebt haben.

Jetzt aber trotten die Tiere gemächlich auf die Wasserstelle zu und weiden dabei genüsslich die Waldungen ab. Von Pappeln, Eichen und Platanen bis zu Palmen und dicken Brotfruchtbäumen locken

grüne Leckerbissen in allen Schattierungen.

So stellt man sich heute wohl das Paradies vor: Nahrung für Pflanzen- und Fleischfresser in Hülle und Fülle, ein warmes, ausgeglichenes Klima, keine Winter, keine Stürme oder Naturkatastrophen, kaum Feinde. Und wie im Paradies haben

sich die Dinosaurier ja auch entwickelt. Mit mehr als 200 Arten eroberten sie jede ökologische Nische auf der Erde und herrschten 140 Millionen Jahre lang uneingeschränkt auf dem Lande, im Wasser und in der Luft. Im Vergleich dazu ist der Mensch mit seinen zwei oder drei Millionen Jahren geradezu eine junge Gattung!

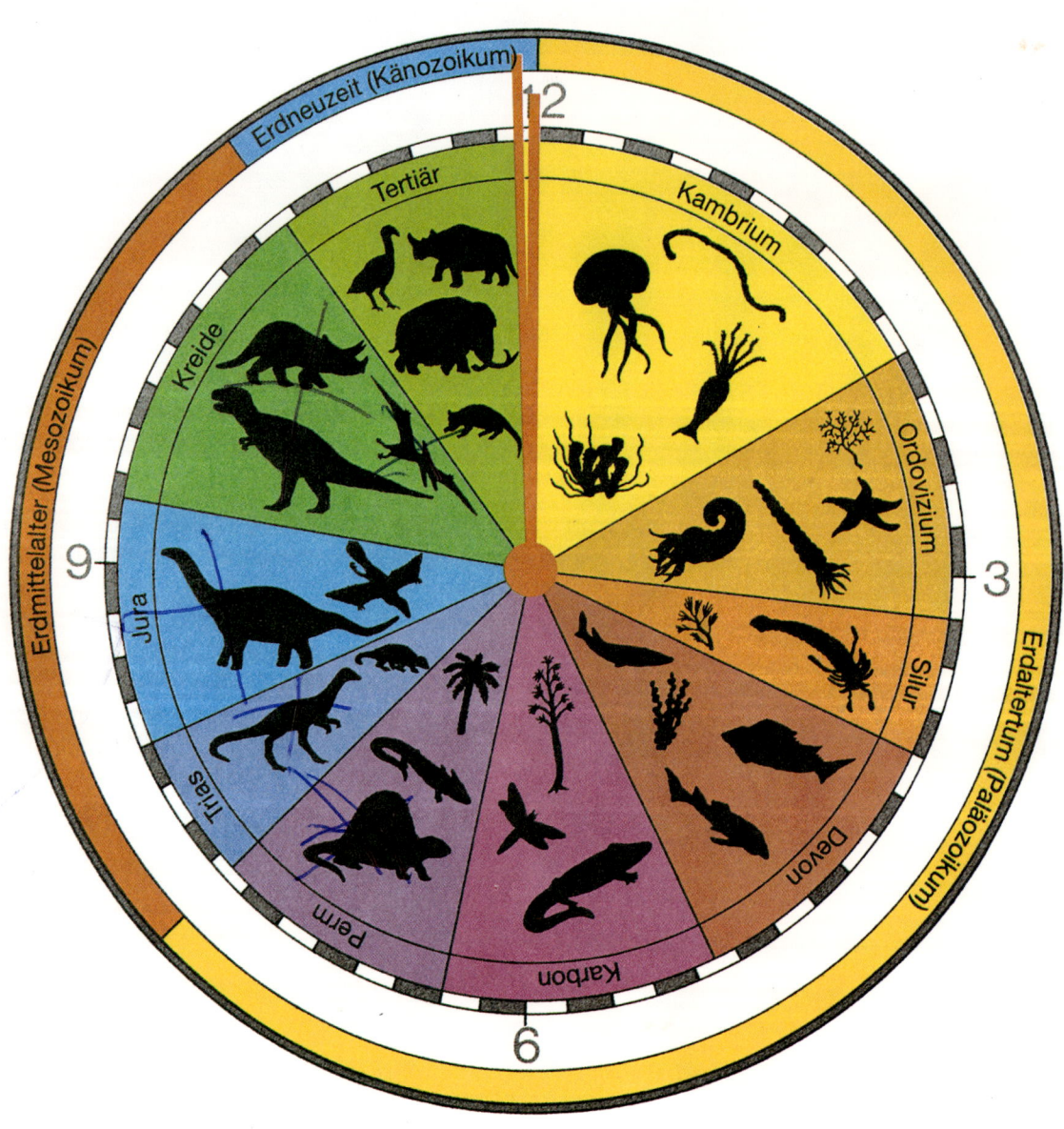

Die ersten Quallen und Würmer gab es vor etwa 600 Millionen Jahren auf der Erde. Wenn wir diese Zeit mit einer Stunde gleichsetzen, entspricht jede Minute auf unserer großen Zeituhr zehn Millionen Jahren. Gerade sechs Minuten alt ist nach dieser Rechnung die Erdneuzeit, in der sich die Säugetiere in großer Artenvielfalt entwickelten. Die Menschen gibt es erst seit zwei Millionen Jahren. Auf der kleinen Zeituhr wären das gerade zwölf Sekunden.

Die gesamte Erdgeschichte von über 4,5 Milliarden Jahren Dauer wird in vier Zeitalter unterteilt. Die einzelnen Erdzeitalter werden zusätzlich in Epochen untergliedert. Das erste und längste Erdzeitalter ist das Präkambrium. Es konnte auf unserer Zeituhr nicht dargestellt werden, weil es unglaubliche vier Milliarden Jahre umfaßt. 2,5 Milliarden alte Blaualgen und Bakterien sind die frühesten Lebensspuren. Erst vor eineinhalb Milliarden Jahren war der Sauerstoffgehalt in der Atmosphäre so weit gestiegen, daß tierisches Leben möglich wurde. Bis sich die ersten echten Fische in den Meeren tummelten, sollte es aber noch fast eine Milliarde Jahre dauern.

Der Zeitablauf im Überblick:

Vor 4,5–5 Milliarden Jahren kühlen die glühenden Gas- und Gesteinsmassen, die sich zum Planeten Erde verdichtet haben, allmählich ab.

Vor 3,2 Milliarden Jahren: Erste primitive Organismen, den heutigen Blau- und Grünalgen sowie den Bakterien ähnlich, schwimmen im Wasser.

Vor 670 Millionen Jahren: Wie in Australien gefundene Fossilien beweisen, gab es schon Quallen und Würmer.

Vor 570 Millionen Jahren: Die ersten Tiere mit harten Schalen entwickeln sich, so genannte Armfüsser.

Vor 500 Millionen Jahren: Das Erdaltertum *(Paläozoikum)* beginnt mit dem Kambrium. In den Meeren leben schon höher entwickelte Tiere und Pflanzen.

Vor 400 Millionen Jahren: Am Ende des Silur besiedeln erste Pflanzen das Land.

Vor 370 Millionen Jahren: Im Devon, dem Zeitalter der Fische, kriechen die ersten Fische mit ihren muskulösen Flossen an Land. Insekten entstehen.

Im Karbon und Perm (vor 345–225 Millionen Jahren) verbreiten sich Reptilien an Land. Sie legen erste Eier mit harten Schalen.

Das Erdmittelalter *(Mesozoikum)* vor 225–65 Millionen Jahren mit Trias, Jura und Kreide ist das Zeitalter der Dinosaurier.

Vor 64 Millionen Jahren, im Tertiär, dem ersten Zeitalter der Neuzeit, verschwinden die Dinosaurier ziemlich plötzlich. Säugetiere beherrschen von nun an die Erde.

Vor 2 Millionen Jahren: Im Quartär beginnt das Zeitalter des Menschen.

Wie man sich das Ende der Saurier vorstellt

Vor 65 Millionen Jahren, also in dem Erdzeitalter, in dem die eingangs geschilderte Geschichte sich abspielte, konnte sich der Tyrannosaurus Rex noch weitgehend unbehelligt den Bauch voll schlagen. Wie aber kam es dazu, dass wenig später, vor etwa 64 Millionen Jahren, die Regierungszeit der Dinosaurier plötzlich beendet war und die Urzeitriesen ausstarben? Manche Forscher behaupten, das sei sehr schnell gegangen – innerhalb weniger Jahrtausende. Andere setzen ein paar Millionen Jahre an. Aber gemessen an ihrer langen Blütezeit verschwanden die Dinosaurier tatsächlich ziemlich schnell von der Erde – und beinahe spurlos. Jedenfalls wusste bis vor rund 150 Jahren noch kein Mensch, dass es solche Giganten überhaupt gegeben hatte.

Zahlreiche Theorien haben die Wissenschaftler seither entworfen, um das schnelle Verschwinden der Saurier zu erklären. Mancher Spur sind sie gefolgt. Was also ist des Rätsels Lösung?

Ein Asteroid fällt auf die Erde

Es liegt etwas in der Luft! Unruhig dreht sich das Diplodocusweibchen und beäugt aufmerksam sein Nest, in dem etliche große Eier liegen. In zwei oder drei Tagen werden die kleinen Dinosaurier die Schale sprengen. Nur wenige Zentimeter groß müssten die Kleinen eigentlich erschrecken, wenn der Schatten ihrer Eltern auf sie fällt, denn die sind immerhin fast 30 Meter lang und wiegen zehn Tonnen. Elternliebe kann da leicht gefährlich werden.

Das Weibchen steht jetzt regungslos an dem kleinen Gebirgsbach, der rauschend und schäumend die enge Schlucht durcheilt. Und obwohl es sieht, dass sich wieder eines dieser lästigen kleinen Säugetiere an ihr Nest heranmacht und ein Ei zu knacken versucht, reagiert der Mutterinstinkt diesmal nicht. Stattdessen lauscht der Diplodocus ängstlich dem seltsamen Pfeifen, das vom Gebirge her schnell näher kommt. Im nächsten Moment scheint eine zweite Sonne über dem Horizont aufzugehen und gleich wieder auf die Erde herabzustürzen. Gleißendes Licht überflutet die Wälder und Meere. Der Saurier duckt sich und peitscht mit dem schweren Schwanz durch die Luft. Auch die Säugetiere huschen zurück in das Wurzelgeflecht eines knorrigen Ginkgobaumes.

Ein Asteroid ist in die Erdatmosphäre eingedrungen. Er fliegt mit einer Geschwindigkeit von 15 bis 20 Kilometern pro Sekunde und erhitzt sich schnell auf 20 000 Grad. Immer länger wird der Feuerschweif, jetzt strahlt der gewaltige Felsbrocken schon fünfzigmal heller als

die Sonne. Über dem nordamerikanischen Kontinent wird er schließlich durch die Hitze gesprengt. Ein Schwarm gleißender Meteoriten, zusammen Billionen Tonnen schwer, prasselt nieder und reißt Tausende von Kratern auf. Die Wälder brennen. Ein paar hundert Kilometer weiter, schon über dem Atlantik, explodiert dann der

Ängstlich duckt sich das Diplodocusweibchen über ihr Nest. Ein Asteroid ist in die Erdatmosphäre eingedrungen. In wenigen Sekunden wird eine mächtige Explosion die Erde erschüttern …

Nächste Doppelseite: Asteroidentrümmer haben die Erdkruste durchbrochen. Erdbeben und Flutwellen werden ausgelöst, Vulkane brechen aus, riesige Aschewolken verdunkeln die Erde.

19

Eisenkern des Asteroiden. Die schweren Einzelstücke tauchen ins Meer ein und durchbrechen die nur etwa fünf Kilometer dicke Erdkruste.

Eine riesige Flutwelle türmt sich auf und umrundet mehrmals die Erde. In der Folge erschüttern gewaltige Explosionen die Ozeane und Kontinente. Vulkane brechen aus und schleudern Magma aus dem Erdinneren heraus. Dampf- und Aschewolken, groß wie ganze Erdteile, ballen sich am Himmel zusammen und verdecken für Monate, vielleicht sogar für Jahre die Sonne. Die Druckwellen der Explosionen und Vulkanausbrüche knicken riesige Wälder wie Streichhölzer. Unzählige Tiere sterben. Manche ersticken, andere ertrinken in den Flutwellen. Tausende Arten, darunter die meisten Dinosaurier, verenden nach und nach, weil sie die drastischen Klimaänderungen nach der Katastrophe nicht vertragen oder weil ihre Nahrungsquellen vernichtet wurden.

So oder ähnlich stellen sich manche Forscher die Katastrophe vor, die gegen Ende der Kreidezeit, also vor etwa 65 Millionen Jahren, die Dinosaurier, aber auch zahlreiche andere Tier- und Pflanzenarten vernichtet haben soll. Mit letzter Sicherheit beweisen ließ sich die Theorie zwar bis heute nicht, doch gibt es einige Anhaltspunkte für ihre Richtigkeit. Zum Beispiel fand der amerikanische Physiker und Nobelpreisträger *Luis W. Alvarez* in Italien bei geologischen Untersuchungen eine einen Zentimeter dicke Erdschicht, die rund 65 Millionen Jahre alt ist. Zu seiner Überraschung entdeckte er ein weißgraues Metall darin, das die Erdkruste sonst nur in winzigen Spuren enthält – Iridium. Dieses Iridium kommt außer im Erdkern in größeren Mengen nur in Meteoren und Asteroiden vor. Alvarez' Schlussfolgerung lautete: Vor 65 Millionen Jahren muss die Erde von einem kosmischen Körper getroffen worden sein.

Inzwischen steht jedoch fest, dass es diese Iridiumschicht auch in anderen Teilen der Welt gibt. Außerdem wissen wir, dass die Erde im Durchschnitt alle 100 Millionen Jahre von einem größeren Himmelskörper getroffen wird – mit katastrophalen Folgen.

Kritiker der Asteroiden-Theorie hingegen meinen, das Iridium könnte durch Vulkanausbrüche aus dem Inneren der Erde an die Oberfläche gebracht worden sein. Aber wodurch wurden diese weltweiten Vulkanausbrüche dann ausgelöst?

Bei der Frage nach dem Grund für das Dinosauriersterben wollen wir uns aber nicht nur auf eine Erklärung verlassen.

Eine weitere Theorie besagt: Weil Dinosaurier immer häufiger kämpfen mussten, geriet ihr Hormonhaushalt durcheinander.

War die Erde zu dicht bevölkert?

Der 50 bis 60 Zentner schwere Saurier der Gattung Parasaurolophus wühlt sich durch den Morast und weidet dabei junge Bäume und Büsche ab. Als er durch ein Mangrovendickicht bricht, steht plötzlich ein anderer Dinosaurier vor ihm. Beide fauchen sich wütend an, kämpfen um ihr Weidegebiet, und schnell stellt sich heraus,

Der Lebensraum ist eng geworden. Schon wieder ist der Parasaurolophus im Mangrovendickicht auf einen anderen Saurier gestoßen, der ihm die Nahrung streitig macht.

wer der stärkere ist. Aber noch bevor die Erregung abklingen kann, wiederholt sich der Vorfall. Immer neue Rivalen brechen in das Territorium des Pflanzenfressers ein. Und immer häufiger muss er ums tägliche Überleben kämpfen. Der Lebensraum ist enger geworden.

Für die Dinosaurier hatte das böse Folgen. Sie standen nun ständig unter Stress. Wie sich das auswirken kann, haben Experimente mit Vögeln, Schildkröten und Alligatoren gezeigt. Ständiger Stress verringert die Ausschüttung des weiblichen Hormons Östrogen. Fast alle diese Tiere legten in der Folge Eier mit zu dünnen Schalen. Wenn das bei den Dinosauriern vor 65 Millionen Jahren ähnlich war, könnten immer mehr Eier zerbrochen oder von kleinen Säugetieren geknackt und aufgefressen worden sein.

Forscher in aller Welt haben deshalb in den letzten Jahren Tausende von ausgegrabenen Eiern und Eierschalen-Bruchstücken untersucht. Zumindest bei einigen Arten konnte man feststellen, dass die Schalen tatsächlich dünner geworden waren.

Die Wanderung der Erdteile

Doch Stress muss nicht unbedingt durch engere Lebensräume hervorgerufen werden, sondern entsteht zum Beispiel auch, wenn sich plötzlich für gut angepasste Arten das Klima ändert. Gerade Dinosaurier waren, wie übrigens alle Arten die schon sehr lange auf der Erde leben, extrem empfindlich und anfällig für jede Änderung der Temperaturen. Aus der Erdgeschichte wissen wir, dass sich beim Wechsel von Eiszeiten und Warmzeiten das Klima immer wieder ziemlich rasch aufheizte und abkühlte. Für die Dinosaurier könnte eine solche Periode tödlich gewesen sein.

Starben die Saurier während einer Eiszeit aus?

Manche Wissenschaftler glauben nun, dass vor 65 Millionen Jahren eine solche Klimaänderung ausgelöst wurde, weil sich damals die Kontinente der Erde verschoben. Der nordamerikanische Erdteil, der bis dahin noch mit Europa verbunden war, trennte sich ab. Neue Gebirge entstanden, und die Ozeane vergrößerten sich. Das führte dazu, dass die Jahreszeiten, vor allem Sommer und Winter, extremer zu spüren waren. Da sich auch die Pole abkühlten, nahmen die Windstärken zu. Es wurde also insgesamt ungemütlicher auf der Erde.

Die Gesetze der Kontinentwanderungen sind schon 1912 von dem Deutschen *Alfred Wegener* formuliert worden. Inzwischen wurden sie jedoch noch eingehender erforscht und begründet.

Die Erde besteht aus einer Erdkruste, die durchschnittlich 20 bis 30 Kilometer dick ist. Sie ist fest, aber in mehrere riesige Krustenplatten zerbrochen. Diese Krustenplatten schwimmen auf dem zähflüssigen Erdmantel und bewegen sich jährlich mehrere Zentimeter. Dadurch entstehen gewaltige Spannungen, die sich ab und zu entladen. Dann bebt die Erde, und Vulkane brechen aus. Durch Spalten im Meeresboden quillt ständig heißes Magma, das sich im Wasser abkühlt, neue Krustenplatten bildet und damit alte Platten zur Seite drängt. Diese Plattenbewegungen nennt man *Kontinentalverschiebung*. Sie findet statt, solange es auf der Erde eine feste Kruste gibt. Mit Hilfe von Computern haben Wissenschaftler der Universität Chicago rekonstruiert, wie die Erde in den verschiedenen Erdzeitaltern ausgesehen hat:

Vor 600 Millionen Jahren, also im Kambrium, waren alle Urkontinente schon einmal voneinander getrennt. Sie befanden sich alle in tropischen Breiten.

Die Kontinentalverschiebung im Zeitalter der Saurier

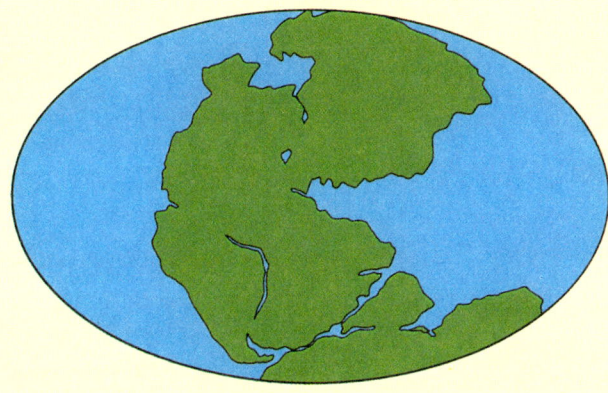

Zu Beginn der Triaszeit, vor ungefähr 225 Millionen Jahren, begann allmählich die Herrschaft der Saurier. Damals waren noch alle Erdteile zu dem Riesenkontinent Pangaea verbunden. Allmählich begannen die Landmassen auseinander zu driften.

In der Jurazeit, vor 150 Millionen Jahren, brach der Riesenkontinent auseinander. Die Umrisse der heutigen Erdteile begannen sich abzuzeichnen. Ganz langsam lösten sich Südamerika und Indien sowie die Antarktis mit Australien von Afrika.

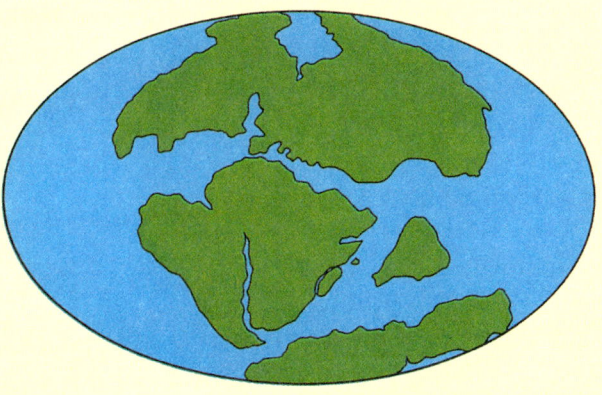

Vor 70 Millionen Jahren, in der späten Kreidezeit ku vor dem Aussterben der Saurier, trieb Indien in große Bogen Richtung Norden auf Asien zu. Jetzt trennten sich allmählich Australien von der Antarktis und Nordamerika von Europa.

300 bis 400 Millionen Jahre später, im Perm, waren alle Kontinente zum Gesamtkontinent Pangaea zusammengedriftet. Der einzige Weltozean erstreckte sich über 300 Längengrade.

Vor 225 Millionen Jahren begannen die Kontinente dann wieder auseinander zudriften. Dabei schob und drehte sich alles – unendlich langsam natürlich.

Das heutige Aussehen unseres Planeten begann sich erst vor ungefähr 150 Millionen Jahren abzuzeichnen. Damals lösten sich zuerst Australien und später Amerika von Pangaea.

Woher weiß man das alles so genau? Wichtigstes Hilfsmittel beim Erstellen dieser Erdbilder ist der Erdmagnetismus. Wenn das Magma erkaltet, also Felsgestein entsteht, wird der gerade

Die Kontinente wandern weiter (gelbe Pfeile). In 100 Millionen Jahren werden die Erdteile eine ganz andere Lage einnehmen als heute (hellblaue Flächen).

zu jener Zeit herrschende Magnetismus „eingefroren". Das heißt, Minerale, vor allem die des Eisens, richten sich nach dem gerade herrschenden Magnetfeld aus. Diese Richtung hat sich im Laufe der Erdgeschichte ständig verändert, je nachdem, wo gerade die Pole lagen. Heute liegt der magnetische Südpol zum Beispiel in Nordwestkanada.

Wissenschaftler wissen also anhand des Erdmagnetismus ganz genau, wo die Pole jeweils gelegen haben. Daher können sie auch das Alter von Gesteinen je nach der Richtung der „eingefrorenen" Mineralmagnete bestimmen. Und nicht nur das: Sie wissen heute schon, wie die Erde einmal in 100 Millionen Jahren aussehen wird.

Das werden die wichtigsten Veränderungen sein: Afrika drückt das Mittelmeer fast völlig zusammen. Westeuropa bricht etwa am Rheingraben ab und driftet in den Atlantik hinaus. Australien bewegt sich auf China zu.

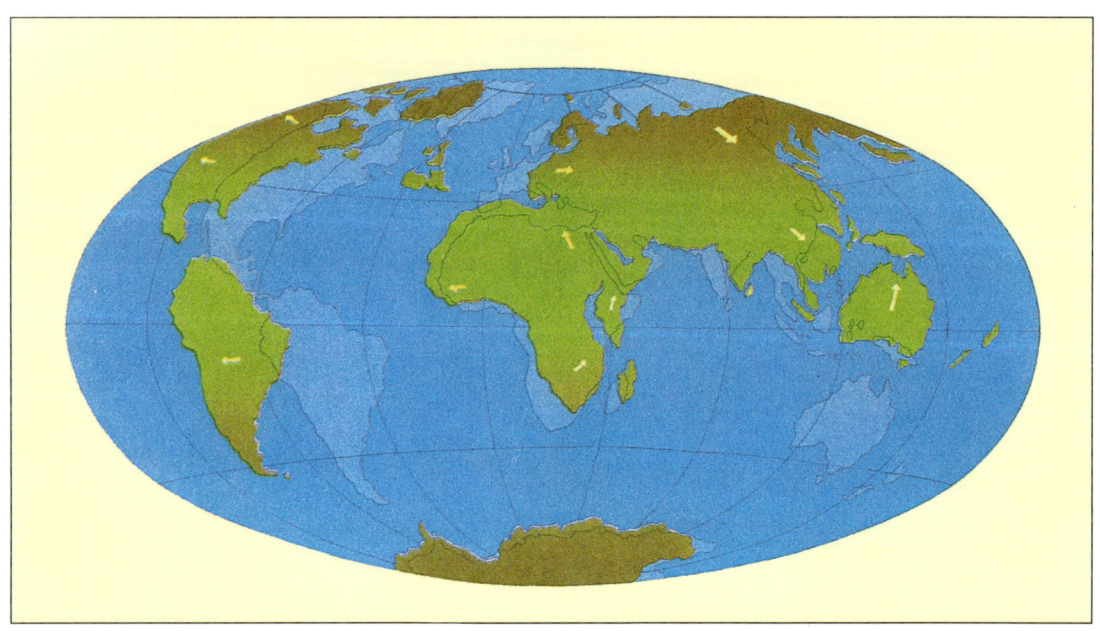

Die Entdeckung der Dinosaurier

Schon im 18. und zu Beginn des 19. Jahrhunderts fand man rätselhafte Knochen und Fußabdrücke, mit denen niemand etwas anfangen konnte. Man hielt sie für Überreste von Drachen, Meeresungeheuern oder sogar für Fußspuren von Noahs Raben, der nach der Sintflut von der Arche ausgeschickt worden war, um nach Land

Früher hielt man riesige Knochen und Fußabdrücke für die Überreste von Drachen.

zu suchen. Erst ein englischer Naturforscher begann das Rätsel mit wissenschaftlichen Methoden zu lösen. Er rekonstruierte die ersten Giganten der Urzeit. Ein richtiges Dinosaurierfieber brach aber ausgerechnet im Wilden Westen aus ...

Die Geschichte der ersten großen Saurierfunde beginnt wie ein „Western":

Schauplatz des Geschehens ist Como Bluff in Colorado. Der berühmte Büffeljäger Buffalo Bill pirscht lautlos durch eine enge Felsenschlucht. Dicht hinter dem Trapper hält sich Edward Drinker Cope, der den merkwürdigen Jagdausflug organisiert und bezahlt hat. Einige Dutzend Meter nach den beiden Führern schieben sich noch zehn abenteuerliche Figuren vorwärts, die sorgfältig die Deckung großer Felsblöcke nutzen. Gebannt hängen ihre Augen an Buffalo Bill.

Mit Colt und Spitzhacke auf Dinosaurierjagd

Rasch versinkt die Sonne hinter den Bergen und fast ohne Dämmerung senkt sich die Nacht über das Tal. Zwischen den Blockhütten hinten am Rande der Schlucht lodern große Feuer auf. Sehnsüchtig starren Edward Drinker Copes Leute dort hinüber, doch sie müssen noch fast zwei Stunden warten, ehe Buffalo Bill das Zeichen gibt. Im Lager dort hinten scheint alles ruhig zu sein.

Cope ist der Erste, der seine Ungeduld nicht mehr länger zügeln kann. Mit großen Schritten eilt er an den Blockhütten vorbei bis zu einem ausgetrockneten Flusslauf, in dem die Arbeiter seines Rivalen und Todfeindes Othniel Charles Marsh den ganzen Tag über gearbeitet haben. Zögernd folgen nun auch Copes Leute. Nur Buffalo

27

Ausgerechnet im Wilden Westen beginnt das Dinosaurierfieber: Im Mondlicht besichtigt Edward Drinker Cope die Ausgrabungen seines Konkurrenten Othniel Charles Marsh.

Bill ist auf seinem Beobachtungsposten zurückgeblieben. Alles Weitere ist nicht mehr seine Sache. Er hat Cope zu Marshs Lager geführt – und damit ist sein Auftrag erfüllt.

Inzwischen hat Cope endlich gefunden, was er suchte. Weder Gold noch Berge von Büffelhäuten waren der Grund seines Ausfluges in die Berge. Wie im Fieber streichen seine Hände über ein meterhohes Schädelskelett. Gleich daneben liegt ein ausgebleichter Oberschenkel, den ein Mensch allein nicht heben könnte. Knochen über Knochen schimmern weißlich in der Nacht. Manche sind schon so nebeneinandergelegt und zusammengefügt, dass man eine Ahnung davon bekommt, wie das lebende Tier einmal ausgesehen haben könnte.

Es ist einfach unfassbar! Das, was da in sieben bis acht Meter Länge im Sand liegt, sind nur Halswirbel! Der Schwanz muss sogar zwölf bis vierzehn Meter lang gewesen sein. Darunter gewaltige Schenkelknochen. Wie hoch waren wohl die geheimnisvollen Donnerechsen? Was mögen sie einmal gewogen haben, als sie sich über die Urprärien und durch die Sumpfniederungen des alten Amerika schleppten? Soviel wie eine ganze Büffelherde – da ist sich Cope, der fanatische Saurierforscher, ganz sicher. In Boston hat er vor Jahren einmal mit einem Walfänger zusammengesessen. Der hat ihm in einer langen Nacht die Ohren vollgeflunkert von ungeheuren Blauwalen, die 30 Meter messen vom Kopf bis zur Schwanzflosse. 200 Tonnen sollte so ein Riesenleib aus Speck und Tran wiegen. Damals hatte er das für Seemannsgarn gehalten, aber jetzt kommt ihm das nicht mehr so unwahrscheinlich vor.

Cope unterdrückt einen Fluch. Ein verdammtes Glück hat Marsh wieder gehabt mit seinem Fund! Tausende von Knochen müssen hier herumliegen, ein richtiger Dinosaurierfriedhof. Aber er wird dem blasierten Yale-Professor die Suppe versalzen!

Doch noch ehe er seinen Leuten ein Zeichen machen kann, an der Fundstelle ein Lager aufzuschlagen, lodern plötzlich überall taghelle Feuer auf. Schüsse peitschen durch die Nacht, und Cope spürt, wie sich eine Kugel vor ihm in den Sand bohrt. Erschrocken wirft er sich zu Boden. Die schießen doch nicht etwa auf ihn? Aus den Blockhütten stürzen dunkle Gestalten und feuern einen richtigen Kugelhagel ab. Sie scheinen es tatsächlich ernst zu meinen! Cope pfeift kurz durch die Zähne und rennt geduckt davon. Seine Leute feuern ein paar Warnschüsse ab,

dann folgen sie ihm. Das sind ihnen die verdammten Knochen nun doch nicht wert, außerdem liegen die wohl auch noch an anderen Stellen im großen Amerika herum. Als Cope jetzt keuchend an Buffalo Bill vorbeirennt, kann der sich nur wundern. „Dinosaurier!", murmelt er verächtlich und schüttelt den Kopf. Zum Glück hat er seinen Scoutlohn schon vorher kassiert und auch gleich ausgegeben. Aber wenn der verrückte Cope es so will, führt er ihn sogar bis ans Ende der Welt, auf der Jagd nach den seltsamen, riesigen Knochen ...

Cope (links) und Marsh haben insgesamt 136 verschiedene Dinosaurierarten entdeckt. Erst danach konnte sich die Welt eine Vorstellung von den „Schreckensechsen" machen.

Bis ans Ende der Welt musste Edward Drinker Cope allerdings nicht reiten, denn Dinosaurierknochen fand er noch an zahlreichen anderen Stellen im Wilden Westen. Manchmal machten ihm allerdings feindliche Indianer einen Strich durch die Rechnung, und ab und zu lief ihm auch wieder sein großer Rivale Othniel Charles Marsh über den Weg. Sogar zu Schlägereien zwischen den Suchtrupps soll es bei diesen Gelegenheiten gekommen sein. Aber erst einmal hatten Marshs Leute Jahre allein damit zu tun, die Funde am Como Bluff zu sichern und abzutransportieren. Über zwölf Kilometer lagen die Knochen dort verstreut. Riesige Steinbrüche mussten in die Felsen geschlagen werden. Am Ende ihres Lebens, das ganz den Dinosauriern gewidmet war und ihre Vermögen verschlang, stand jedoch eine eindrucksvolle Bilanz: Zusammen hatten Cope und Marsh 136 verschiedene Dinosaurierarten entdeckt. Vor ihrer ersten Expedition kannte die Welt nur neun oder zehn.

Der Ruhm war beiden Forschern sicher, auch wenn sie immer wieder versuchten, sich gegenseitig auszustechen und lächerlich zu machen. Aber erst gegen Ende des 19. Jahrhunderts (Cope starb 1897, Marsh 1899) war der Welt klar, was für eine faszinierende Vielfalt von seltsamen, furchterregenden und noch immer weitgehend unbekannten Wesen da vor unfassbar vielen Millionen Jahren gelebt haben musste ...

30

Wie die Dinosaurier zu ihrem Namen kamen

Lange bevor die beiden Haudegen Marsh und Cope durch den Wilden Westen streiften, hatten Menschen schon seltsame Funde gemacht, die sie sich nicht erklären konnten. Manchmal glaubten sie einfach, dass die Knochen oder Versteinerungen von ausgestorbenen Riesen stammten, womit sie von der Wahrheit ja gar nicht so weit entfernt waren. Nur dachte natürlich niemand an riesige Tiere, sondern eher an menschliche oder göttliche Fabelwesen, wie sie in Märchen oder Heldensagen vorkommen. Schließlich nahm man damals im 17. und 18. Jahrhundert noch vieles wörtlich, was so erzählt oder aufgeschrieben wurde.

Das trifft sogar noch für das Jahr 1802 zu – und damit sind wir noch einmal in Nordamerika, im nordöstlichen Staat Massachusetts.

Es war Frühjahr. Der schmelzende Schnee weichte den Boden auf und es begann die Zeit des Pflügens. Doch plötzlich wurde der Farmer *Pliny Mody* mit seinem Pferd bei dieser Arbeit von einem großen Stein gestoppt. Als er das Hindernis wegräumen wollte, entdeckte er, dass es sich um die Versteinerung eines Fußabdrucks handelte. In der Stadt South Hadley erregte der Fund beträchtliches Aufsehen. Noch kein Trapper weit und breit hatte jemals so eine Spur gesehen. Erst der Pfarrer fand eine Erklärung: Es müsse sich um den Abdruck des berühmten Raben handeln, den einst Noah nach der Sintflut von seiner Arche aussandte,

um Land zu finden. Das leuchtete ein. Schließlich glaubte noch jeder an die Bibel, auch wenn die Archäologen durch ihre Ausgrabungen (zum Beispiel in Jericho) noch nicht bewiesen hatten, dass vieles, was in der Bibel steht, wirklich stattgefunden hat.

Als im Jahre 1802 der erste versteinerte Fußabdruck eines Dinosauriers gefunden wurde, hielt man ihn für den Abdruck des Raben, den Noah nach der Sintflut von der Arche aussandte.

Hätte jemand in South Hadley dagegen zu behaupten gewagt, die Spur stamme von einer schrecklichen Echse und die sei außerdem auf zwei Beinen gelaufen – man hätte ihn als größten Lügner aller Zeiten am nächsten Baum aufgeknüpft.

Aber damit ist noch immer nicht geklärt, wie die Dinosaurier zu ihrem Namen kamen. Zwei Engländerinnen namens Mary begegneten als Nächste den Resten der Urzeitwesen. Zuerst fand die elfjährige *Mary Anning* in den Klippen von Dorset in Südengland das Skelett eines

Tieres, das ganz anders aussah als die Ammonshörner oder Donnerkeile, die sie sonst immer hier gesucht hatte. Diese Versteinerung war unbekannt. Erst viel später stellte sich heraus, dass es sich um das Skelett eines Meeressauriers handelt. Die Forscher sagen heute Ichthyosaurus dazu.

Zwölf Jahre später, im Jahre 1822, fand dann *Mary Ann Mantell,* die Frau eines Landarztes, eine weitere Versteinerung die wie ein Zahn aussah. Zufälligerweise beschäftigte sich ihr Mann schon seit Jahren mit seltsamen Urzeittieren. Als er die Gegend des Fundortes gründlich absuchte, fand er noch zahlreiche andere Versteinerungen. Er hielt sie irrtümlich für Knochen und Zähne eines riesigen, pflanzenfressenden Leguans. Sorgfältig setzte er die

Im Jahr 1810 wurde in südenglischen Klippen das Skelett eines Ichthyosaurus gefunden.

Teilstücke zusammen und rekonstruierte den Rest. Dann veröffentlichte *Dr. Mantell* seine Forschungsergebnisse und nannte das seltsame Tier in seiner Werkstatt *Iguanodon.* Das bedeutet „Leguanzahn". Natürlich, wir ahnen es schon, war die Rekonstruktion falsch. Mantell irrte sich vor allem in einem Punkt: Einen Knochen, der einfach übriggeblieben war, setzte er dem fertigen Skelett auf die Nasenspitze wie bei einem Nashorn. In Wirklichkeit handelt es sich bei dem Knochen aber um eine Daumenkralle – aber das fand man erst viel später heraus.

Erste Ordnung in die vielen rätselhaften Funde brachte dann ein echter Naturwissenschaftler. *Sir Richard Owen* stellte fest, dass diese vorzeitlichen Wesen mit großer Sicherheit zu den Kriechtieren (Reptilien) gehörten, auch wenn sie, wie er gleich einschränkte, eine Menge von Eigenschaften gehabt haben mussten, die

Der englische Bildhauer Benjamin Waterhouse Hawkins rekonstruierte 1853 ein Iguanodon.

eigentlich nicht so richtig in das Bild von Reptilien passen. Auf jeden Fall gab er den Tieren erst mal einen Namen: *Dinosaurier.* Das bedeutet *schreckliche Echsen* oder *Schreckensechsen.* Man ersieht daraus, dass den Forschern bei ihrer Arbeit so mancher Schauer den Rücken heruntergelaufen sein muss, als sie feststellten, wie gewaltig und furchterregend die Tiere gewesen waren.

So kann man sich irren! Aber am Dinosaurierfieber änderten diese Fehlschlüsse zunächst einmal nichts. Im Gegenteil: Unter der Leitung von Sir Richard Owen entstand im Park von Sydenham, südlich von London, eine eindrucksvolle Ausstellung von Schreckensechsen. Der Bildhauer *Benjamin Waterhouse Hawkins* modellierte

sie so angsteinflößend wie möglich. Wie um ihr Unbehagen abzureagieren, trafen sich dann am Neujahrstag 1853 zwölf Wissenschaftler im Kristallpalast und dinierten in dem halbfertigen Modell eines Iguanodons. Champagnerkorken knallten, und bei Hummer und Kaviar diskutierten die Fachleute dann über die Zeit vor Millionen von Jahren, als die riesigen Ungetüme die Erde unsicher machten. Sie selbst waren dabei ganz sicher, dass die Echsen wirklich so ausgesehen hatten, wie sie sich in der sensationellen Ausstellung einem begeisterten Publikum präsentierten.

Iguanodons im Kohlenflöz

Man kann den Forschern von London keinen Vorwurf machen. Andere Wissenschaftler haben schon genug Schwierigkeiten, wenn sie herausfinden sollen, was sich vor einigen hundert oder gar tausend Jahren auf der Erde abgespielt hat. Iguanodons aber lebten vor 100 oder 120 Millionen Jahren. Für uns Menschen ist das unvorstellbar lange her. Selbst wenn wir hundert Jahre alt würden, wäre das nur ein Zehnmillionstel dieser riesigen Zeitspanne. Trotzdem wissen wir seit 1878, dass sich vor ungefähr 100 Millionen Jahren in einem Kontinent, aus dem später einmal Europa wurde, eine Tragödie abgespielt haben muss.

Eine Herde Iguanodons weidet friedlich am Rande der endlosen Savanne. Durch die Ebene windet sich träge ein Fluss, an dessen Ufern ein Laubwald mit Eichen, Ulmen und Platanen wächst. Eine ideale Futterkrippe für die riesigen Tiere. Wenn sie sich aufrichten, reichen ihre langen Zungen bis an die dichten, saftig-grünen Kronen heran. Büschelweise stopfen sie sich die Blätter ins Maul. Die schweren Hinterbeine mit drei Zehen trampeln dabei das ausgetrocknete Unterholz nieder; was dort unten noch grün ist, wird von den Jungtieren abgeweidet. Die kleinen Iguanodons halten sich vorsichtig in der Reichweite der Alten, deren meterlange

Am Rande einer weiten Ebene weidet eine Gruppe von Iguanodons das saftige Grün des Laubwaldes ab. Doch die friedliche Szenerie täuscht: Am Horizont ist eine Gewitterfront aufgezogen, die rasch näher kommt.

Schwänze notfalls einen hungrigen Angreifer zertrümmern können.

Unbeachtet von der Herde ist inzwischen am Horizont ein Wolkenband aufgezogen, das schnell näher kommt und sich zu einer blaugrauen Gewitterfront auswächst. Windstöße fegen über die Savanne, und die ersten Blitze zucken herab. Noch bevor der Wolkenbruch die Landschaft mit Wassermassen ertränken kann, entzündet sich der morsche Stamm einer Kiefer. Einige trockene Äste flammen auf, Funken sprühen ins ausgedörrte Gras und ehe der Leitbulle Alarm geben kann, steht die ganze Ebene in Flammen. Erste Windböen jagen die Feuersäule auf die Herde zu. Jetzt bricht Panik aus. Entsetzt wenden sich die Tiere zur Flucht, lassen sogar die Jungtiere hinter sich zurück. Und dann geschieht das Unglück: Eine Schlucht versperrt den Weg, Hunderte Meter tief gähnt der Abgrund. Aber die vier bis fünf Tonnen schweren Tiere können den eigenen Schwung nicht mehr abbremsen. Die gesamte Herde stürzt in den Tod und wird von einer meterdicken Geröllschicht zugedeckt.

Die Erde drehte sich weiter, mit der Zeit starben auch alle anderen Dinosaurier aus. Noch mindestens 100 Millionen Jahre vergingen. Dann, im Jahre 1878, arbeiteten eines Tages in einer belgischen Grube wie immer Bergarbeiter und lockerten mit Sprengstoff und Spitzhacken die begehrte Kohle – bis sie plötzlich entdeckten, dass sie versteinerte Skelette von Dinosauriern vor sich hatten. Aus der ehemaligen Schlucht war während der Jahrmillionen ein Kohlenflöz geworden.

322 Meter unter Tage fanden sich die vollständig erhaltenen Skelette von 31

Ein Blitz hat die Steppe in Brand gesetzt. In Panik flüchten die Iguanodons und übersehen den Abgrund, der zur tödlichen Falle wird ...

Tieren, eine ganze Herde mit größeren männlichen und kleineren weiblichen Iguanodons. Erst jetzt konnte man Dr. Mantell, Sir Richard Owen und seinen Fachkollegen, sofern sie noch lebten, beweisen, was sie damals in ihrer Ausstellung alles falsch gemacht hatten. Die Tiere waren keineswegs halslos, der Stachel auf der Nase erwies sich als Spitze des Daumens, vermutlich mit scharfer Hornkralle für den Nahkampf. Mit Schwanz maßen die größten Exemplare elf Meter Länge und fünf Meter Höhe. Manchmal liefen sie zwar auf vier Beinen, aber häufiger auf den größeren Hinterbeinen. Nur in zwei Punkten behielt Sir Owen recht: Es handelte sich tatsächlich um Reptilien, und es waren Pflanzenfresser.

36

Funde in aller Welt

In Belgien war die Fundstelle nicht zufällig eine Kohlengrube. Besonders ab der zweiten Hälfte des 19. Jahrhunderts begann man in aller Welt nach Bodenschätzen wie Kohle, Erdöl, Eisenerzen und Edelmetallen zu suchen. Dampfmaschinen und riesige Bohrgeräte durchwühlten daher über und unter Tage die Erde. Und überall fanden sich *Fossilien,* wie man die versteinerten Überreste von Tieren und Pflanzen nennt. In Nordamerika waren es fleischfressende Dinosaurier, die vor 190 Millionen Jahren gelebt haben, und ganze Herden von Horndinosauriern (z. B. dem Centrosaurus). In den USA und in Kanada brach vor allem an Universitäten und Museen immer wieder ein regelrechtes „Dinosaurierfieber" aus, wenn aus den Rocky Mountains oder vom Red Deer River im heutigen Alberta ergiebige Knochenfunde gemeldet wurden.

In Europa blieben die Funde nicht nur auf Belgien beschränkt. In einem Steinbruch bei Trossingen fand der Forscher

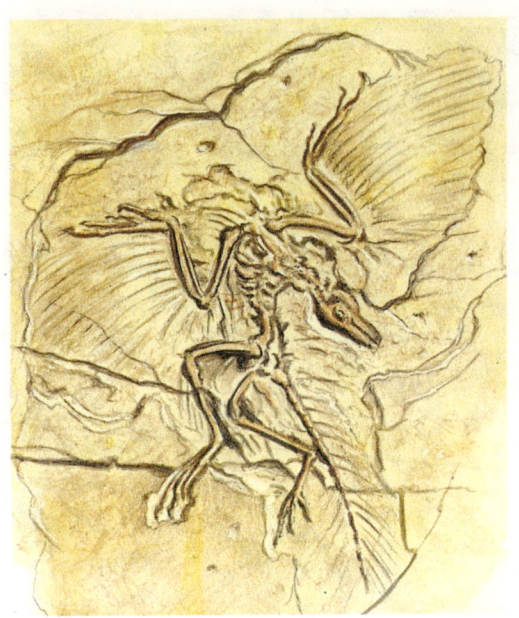

In einem Steinbruch in Süddeutschland wurden gut erhaltene Fossilien des Archaeopteryx entdeckt.

Friedrich von Huene Tausende von Plateosaurusknochen, alle 200 Millionen Jahre alt. In Süddeutschland tauchten erste Abdrücke des Vogeldinosauriers *Archaeopteryx* auf. In der Sumpflandschaft, die sich früher von England nach Südfrankreich und bis zum Balkan erstreckte, lebten vor 225 bis 65 Millionen Jahren offensichtlich wilde Panzerdinosaurier und mächtige Sauropoden. In der Provence dagegen fanden sich ganze Nester mit Eiern von Hypselosauriern. Ähnlich verhielt es sich in Österreich, Ungarn und Rumänien, damals wohl noch Inseln in einem großen flachen Meer oder Sumpf.

Schon in den zwanziger Jahren unseres Jahrhunderts stießen amerikanische Expeditionen auch in Zentralasien auf zahlreiche Skelette und Eier. Der Forscher *Roy Chapman Andrews* zum Beispiel, der

In Nordamerika fand man viele Hornsaurierskelette, darunter viele Schädel vom Triceratops.

im Auftrag des amerikanischen Museums für Naturgeschichte (American Museum of Natural History) unterwegs war, belud 1911 eine Karawane von 125 Kamelen mit Knochen von Dinosauriern aus allen Epochen des Erdmittelalters *(Mesozoikum)*.

Und in Szechuan (China) wurden Tausende von Entenschnabel-Dinosauriern entdeckt, die von Schlammmassen begraben worden waren. Diese Katastrophe hatte die Knochen sehr gut erhalten. Selbst in Tibet fanden Straßenarbeiter in 4200 Meter Höhe riesige Skelette von Sauropoden.

Nordamerika, Europa, Asien – das sind alles geographische Bezeichnungen, die der Mensch erst eingeführt hat. Zu den Zeiten der Dinosaurier sah die Erde jedoch ganz anders aus. Vor 225 Millionen Jahren, als die ersten Schreckensechsen sich entwickelten, gab es nämlich noch keine Erdteile. Alle Urkontinente waren – wie bereits geschildert – in einem gewaltigen Landmassiv, heute Pangaea – genannt, vereinigt. Die vielen Arten von Dinosauriern konnten sich also über alle, zu ihren Lebzeiten noch weitgehend zusammenhängenden Kontinente ausbreiten, was die über die gesamte Erde verstreuten Fundorte eindeutig beweisen.

In Zentralasien gruben die Forscher so viele Fossilien von Dinosauriern aus, dass die Knochen nur noch mit langen Kamelkarawanen abtransportiert werden konnten.

Wie entstehen Fossilien?

Das Frühjahr zeigt sich von seiner angenehmsten Seite. Ein Protoceratopsweibchen, 30 Meter lang und zehn Tonnen schwer, reckt sich in der Sonne und schlürft dann in gewaltigen Zügen Wasser aus dem kleinen Gebirgsfluss. Nur wenige Meter vom Ufer entfernt hat es im warmen Sand ein Nest gebaut und Eier gelegt. Die enge Schlucht ist ein ideales Versteck und ein bequemes Lager. Doch in diesem Jahr hat die Schneeschmelze in den Bergen sehr spät eingesetzt und dann kamen sintflutartige Regenfälle hinzu. Leicht können da aus friedlichen Bächen reißende Ströme werden.

Plötzlich ist ein drohendes Rauschen zu hören, gewaltige Wassermassen schießen in die Schlucht und stauen sich an deren schmalem Ausgang. Innerhalb von Sekunden wird so das Versteck des Protoceratops zur Todesfalle. Die Flut reißt das gewaltige Tier einfach mit sich und es ertrinkt. An einem Felsvorsprung bleibt der Körper schließlich hängen und wird meterhoch zugedeckt von Sand und Geröll. Die Jungen in den Eiern werden nie ausschlüpfen.

Normalerweise wären damit Dinosaurier und Eier für immer von der Erdoberfläche verschwunden. Sie verwesen

Das Versteck als Todesfalle: Der Protoceratops wird von der Flutwelle mitgerissen und später von Schlamm und Geröll zugedeckt.

Warum wir heute noch Reste von Sauriern finden

Als Fossilien werden alle Spuren von früheren Lebewesen bezeichnet. Die meisten Fossilien stammen von Tieren die im Wasser lebten.

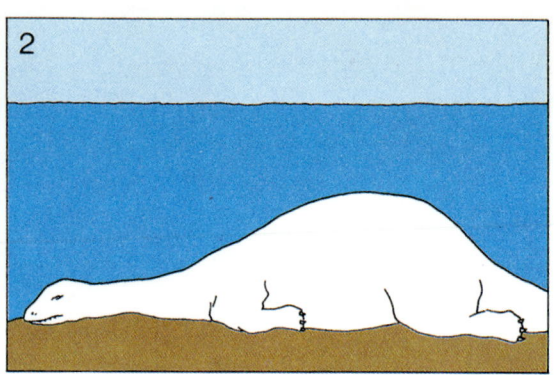

Ein toter Saurier sinkt auf den Grund eines Gewässers. Alle Weichteile zerfallen, wenn sie nicht von anderen Tieren aufgefressen werden.

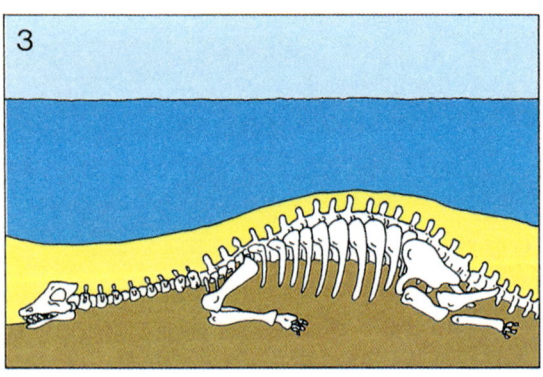

Sand und Schlamm bedecken das Skelett, das nicht mehr von Bakterien zersetzt werden kann. Minerale verwandeln die Knochen in Stein.

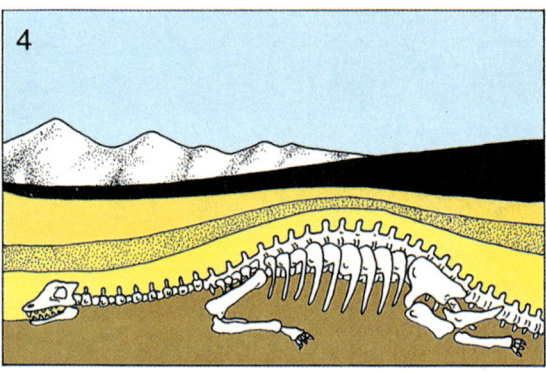

Erdbewegungen und Verwitterungsprozesse sorgen dafür, daß das Fossil langsam an die Oberfläche kommt.

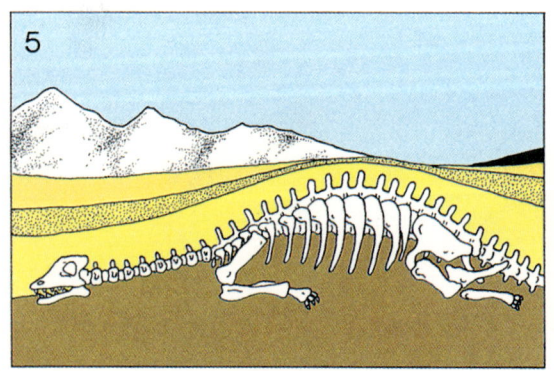

Die Erdschichten heben und senken sich im Laufe vieler Millionen Jahre. Die Kontinente wandern, Meeresgrund wird zu Festland.

Teile des Fossils werden sichtbar. Paläontologen bergen die versteinerten Knochen und können den Saurier vielleicht rekonstruieren.

oder werden völlig verschüttet. Dies gilt sicher für die meisten Tiere, die einst gelebt haben. Im Glücksfall aber findet man die Überreste und kann sogar die ganze Szene rekonstruieren. Wie kann es dazu kommen?

Sobald ein Dinosaurier, wie in unserem Beispiel, von Sand- und Geröllmassen begraben wird, verwesen zunächst die Weichteile und nur die Knochen bleiben übrig. Sollten sie aber in der Erde luftdicht abgeschlossen sein, können zwei Entwicklungen eintreten:

Erstens: Im Wasser gelöste Minerale wie Quarz, Opal, Kalzit oder Eisensulfid dringen in die winzigen Löcher und Poren der Knochen ein, füllen sie aus und werden allmählich zu Stein. Dadurch wird der Knochen manchmal so verstärkt, dass er dem Druck der Ablagerungen standhalten kann. Oft wird er von den schweren Sand- und Gesteinsmassen auch verformt oder in Teile zerbrochen. Es ist dann eine schwierige Aufgabe für den Paläontologen die Bruchstücke wieder zu rekonstruieren. Doch davon später.

Zweitens: Die Knochen können aber auch von scharfen Substanzen, zum Beispiel Säuren, aufgelöst werden. Im *Sediment* (Sand, Schlamm) bildet sich dann an der Stelle ein Hohlraum – genau in der Form des Knochens. Später können wieder andere Mineralien diese Hohlform ausfüllen, und dabei entstehen Steinkerne.

Die meisten Fossilien sind auf eine dieser zwei Arten entstanden. Dabei wurden nicht immer nur Knochen konserviert, sondern manchmal auch Kot, ein Fußabdruck oder der Abdruck der Haut im Sand.

Ein derartiger Fund ist dann ein besonders aufschlussreicher Glücksfall, denn normalerweise findet man von Haut oder Weichteilen absolut keine Spur.

Aber so weit sind wir noch nicht. Selbst wenn unter der Erde eine Versteinerung entstanden ist, muss sie schließlich auch gefunden werden und dazu sind oft Millionen Jahre und gewaltige Kräfte notwendig. Erinnern wir uns an die Kontinentalverschiebung. Riesige Krustenplatten schieben sich in- und übereinander. Dabei können auch Gesteinsformationen, in denen sich Versteinerungen gebildet haben, an die Erdoberfläche gehoben werden. Je länger die Versteinerungen nämlich in der Erde liegen, desto mehr Sedimente haben sich über ihnen abgelagert.

Jetzt beginnt die Natur zu arbeiten. Wind, Wasser und Verwitterungsprozesse mit kräftigen Temperaturschwankungen tragen das Gestein ab. Dabei kommen dann im Glücksfall die Versteinerungen wieder ans Licht, werden vielleicht entdeckt und geborgen.

Enthält der Fundort viele Versteinerungen von ein und demselben Tier, lässt sich unter Umständen ein ganzer Dinosaurier rekonstruieren. Bis dahin sind aber viel Arbeit, großes Fachwissen und geschickte Hände nötig.

Große Erd- und Felspartien können noch mit Baggern und Planierraupen abgetragen werden. Dann greifen die Archäologen zur Schaufel. Je näher sie dem Fossil kommen, desto vorsichtiger werden sie. Schließlich geht die Arbeit nur noch mit Bohrer, Hammer und Meißel, manchmal mit Ultraschall, Hochgeschwindigkeitsbohrern (wie beim Zahnarzt), winzigen Presslufthämmern oder Sandstrahlgeräten vor sich. Ist der Knochen freigelegt, wird er genau vermessen und fotografiert, denn so können die einzelnen Skelett-Teile später vielleicht zusammengesetzt werden. Brüchige Teile müssen eingegipst, also künstlich gehärtet werden. Erst dann werden die Fossilien in gepolsterte Kisten verpackt und in die Werkstatt des Museums gebracht. Im größten Dinosaurierfriedhof der Welt, einer neun Meter hohen und 60 Meter langen Felswand in Utah (USA), gab es allerdings so viele und riesige Urweltknochen, dass man sie nur freigelegt und ansonsten an Ort und Stelle gelassen hat.

Dieses *Dinosaur National Monument* ist so zu einem eindrucksvollen Naturmuseum geworden.

Woher die Forscher wissen, wann die Saurier lebten

Die meisten Fossilien werden in Gesteinsschichten gefunden, die in bestimmten geologischen Perioden entstanden sind. Wie kann man das Alter der Steine berechnen?

Manche Steine enthalten radioaktive Elemente, die in einer bestimmten Zeit zerfallen. Die Zeit, die ein radioaktives Element braucht, um genau zur Hälfte in ein anderes Element zu zerfallen, nennt man Halbwertszeit. Für Funde, die so alt sind wie Fossilien von Dinosauriern, benutzt man die *Kalium-Argon-Methode.* Die Halbwertszeit von Kalium beträgt 1310 Millionen Jahre. Das heißt, in dieser Zeit wird die Hälfte des Kaliums in Argon zerfallen sein. Mit komplizierten Messgeräten können die Wissenschaftler den genauen Anteil von Kalium und Argon, also auch das Alter des Gesteins und des Fossils bestimmen.

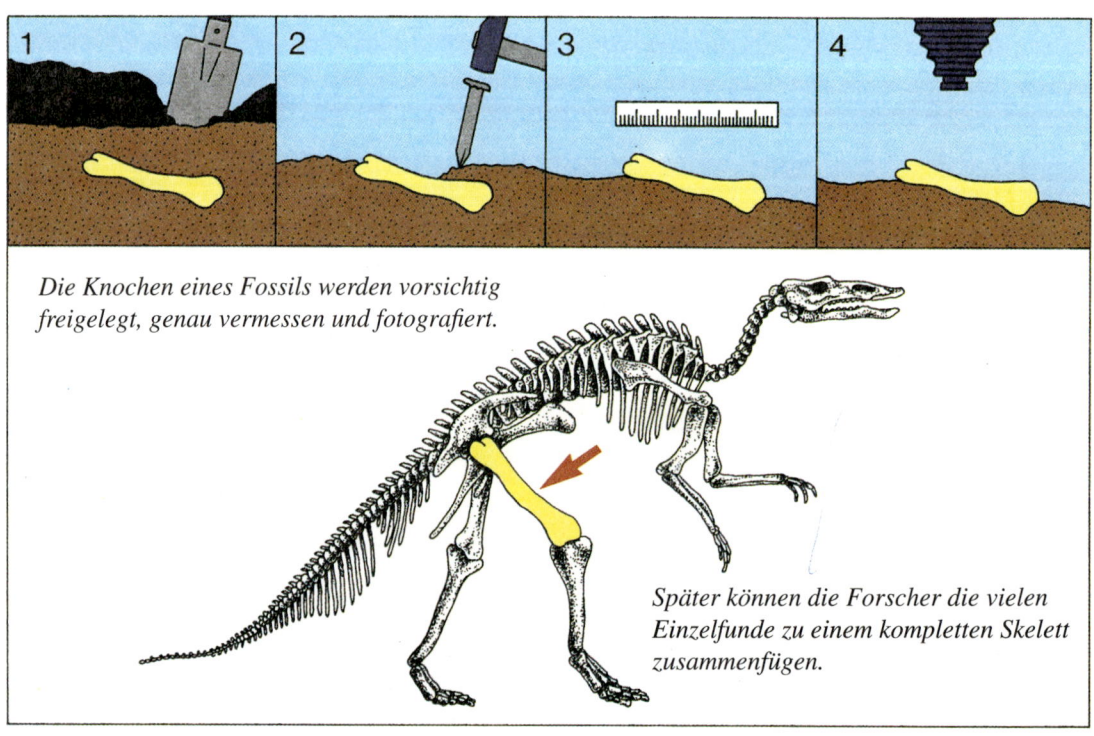

Die Knochen eines Fossils werden vorsichtig freigelegt, genau vermessen und fotografiert.

Später können die Forscher die vielen Einzelfunde zu einem kompletten Skelett zusammenfügen.

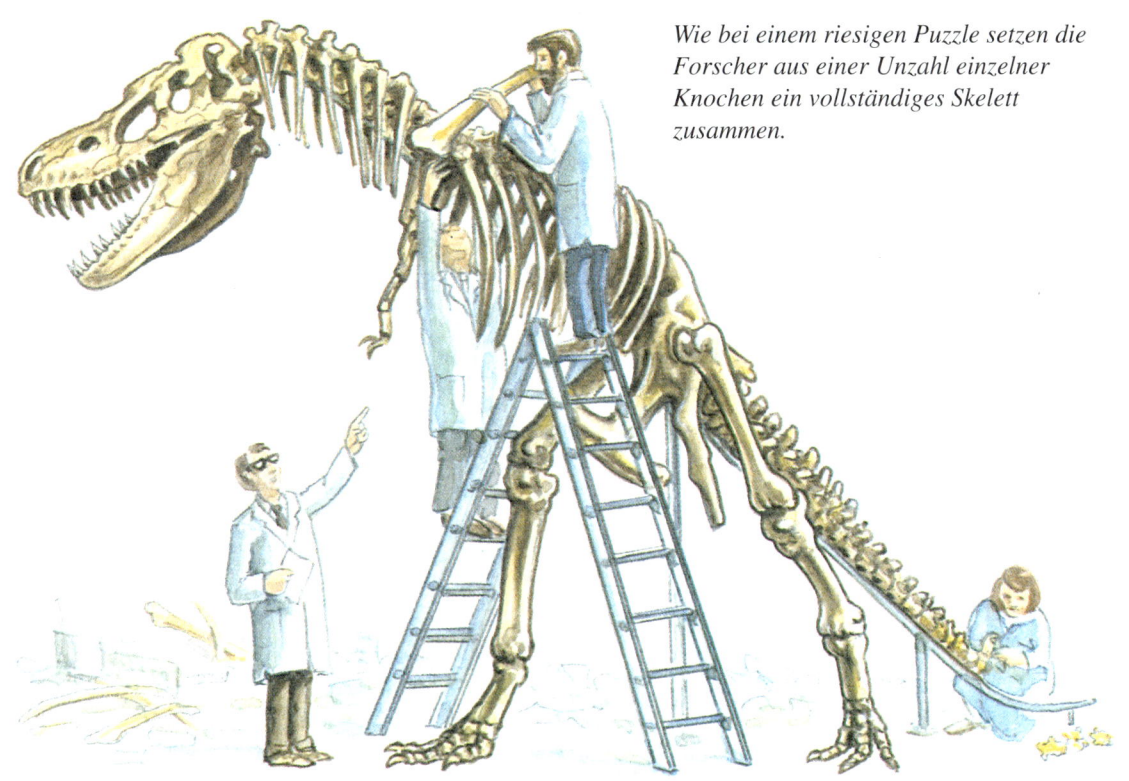

Wie bei einem riesigen Puzzle setzen die Forscher aus einer Unzahl einzelner Knochen ein vollständiges Skelett zusammen.

Wie Forscher die Saurier wieder „lebendig" machen

Professoren und Studenten steigen auf riesigen Gerüsten herum, klettern 15 bis 20 Meter hohe Leitern hinauf oder hinunter. Kräne hieven meterbreite Schulterblätter in die Höhe. Kleinste Fußknochen sind so groß wie ein ausgewachsener Mensch.

Wir befinden uns auf dem Gelände der Brigham-Young-Universität in Provo (Utah /USA). Hier entsteht die Nachbildung eines Supersaurus − und zwar aus Fiberglas, weil das Skelett sonst unter seinem eigenen Gewicht zusammenbrechen würde. Der Paläontologe *James*

Jensen hat die versteinerten Überreste des „Ungetüms von Provo" ganz zufällig unter einer Geröllhalde im US-Staat Colorado gefunden − zunächst nur zwei imposante Schulterblätter von 2,75 und 2,40 Meter Länge, dann weitere Skelett-Teile. Der Urzeitgigant muss demnach Beine mit dem stattlichen Durchmesser von drei Metern besessen haben. Säulen von dieser Stärke stützen normalerweise Autobahnbrücken. 100 Tonnen wog dieser Supersaurus, soviel wie zwei City Jets vom Typ Boeing 737. Mit seiner unvorstellbaren

Größe von 17 Metern würde er heute ein sechsstöckiges Haus überragen; damals kam er also an die saftigen Blätter der höchsten Palmen heran. Nach ersten Schätzungen war das vor 140 Millionen Jahren.

Wie schaffen es aber die Forscher, aus ein paar Zähnen oder Knochen, den häufigsten Fossilfunden, einen kompletten Dinosaurier in voller Lebensgröße zu rekonstruieren? Dahinter steckt gewissenhafte, oft detektivische Kleinarbeit, ähnlich wie bei einem Puzzle. Und dabei steht selten hundertprozentig fest, ob am Ende auch alle Teile zusammengehören und am richtigen Platz sitzen. Die Schwierigkeiten beginnen schon damit, dass selten vollständige Knochen oder ganze Skelette gefunden werden. Meistens sind die Versteinerungen in viele Teile zerbrochen, und dann müssen die Risse mit Kunststoff oder Gips gefüllt, fehlende Teile nachmodelliert oder von anderen Funden verwendet werden. Im Knochengerüst sind die Knochen auch bisweilen durch Zwischenräume voneinander getrennt, zum Beispiel im Gehirn oder an Gelenken. Bei der Rekonstruktion muss der Forscher also oft entscheiden, ob an einem Knochen vielleicht nur ein Stück verlorengegangen ist oder im Skelett tatsächlich an dieser Stelle eine Lücke hingehörte.

Selbst dann, wenn alles fix und fertig im Museum steht und so aussieht, als habe es schon vor 100 oder 200 Millionen Jahren so zusammengehört, fangen die Spekulationen erst an. Denn man findet ja fast nie die sogenannten Weichteile: Haut, Muskeln, innere Organe wie Herz

oder Lunge. Also bleiben eine Menge Fragen offen. Wie viel Liter Blut flossen durch so einen gewaltigen Körper? Wie viel fraß ein Tier dieser Größe am Tag? War es warm- oder kaltblütig? Ging es auf zwei oder vier Beinen, und wie schnell konnte es laufen? Was für einen Blutdruck brauchte der Supersaurus, um sein Gehirn in 17 Meter Höhe zu versorgen? Und was das Gehirn betraf: Waren die Dinosaurier wirklich träge und dumm, oder brauchte man nicht eher eine gewisse Intelligenz, um 140 Millionen Jahre lang die Erde zu beherrschen?

Bei der Suche nach Antworten stellten die Wissenschaftler zu ihrer Freude

fest, dass allein die Knochen und andere Versteinerungen erstaunlich viel aussagen können. Wenn man Abgüsse vom Inneren des Schädels macht, kann man daraus schließen, wie das Gehirn ausgesehen haben muss. Bestimmte Zeichen an den Knochen zeigen an, wo einmal Muskeln gesessen haben, und anhand von Beinknochen und Fußabdrücken kann man herausfinden, wie ein Tier läuft. Zähne dagegen geben Antwort, ob der Saurier Fleisch- oder Pflanzenfresser war, und manchmal sind sogar die letzten Mahlzeiten erkennbar. Und in ausgesprochenen Glücksfällen ist ein Dinosaurier in Dürregebieten vom Tod überrascht und

Ein Glücksfall für die Wissenschaftler: Ein Dinosaurier wird in einem Trockengebiet vom Tod überrascht und mitsamt Haut mumifiziert. So können die Forscher etwas über die Blutgefäße oder die Farbgebung des Sauriers erfahren.

mit der Haut mumifiziert worden. Selbst der Aufbau der Knochen lässt Schlüsse über Wachstum und Blutgefäße zu, also auch über die faszinierende Frage, ob die Saurier wechselwarme Reptilien oder schon warmblütige Säugetiere waren. Die Lösung des Rätsels ist noch nicht endgültig geklärt, wie so oft liegt die Antwort wohl irgendwo in der Mitte. Denn es gab ja nicht nur eine Dinosaurierform, sondern mindestens 200 verschiedene Arten.

Waren Dinosaurier doch Säugetiere?

Als sich der französische Anatomieprofessor *Armand J. de Ricqles* über den fein säuberlich von allen Steinresten gesäuberten Saurierknochen beugt und das Mikroskop scharfstellt, hält er den Atem an: Ganz dicht am äußeren Rand kann er feine Linien erkennen. Jahresringe? Das wäre eine Sensation! Zwar weiß der Professor der vergleichenden Anatomie, dass in manchen Knochen heute lebender Säugetiere und Reptilien ebenfalls Jahresringe entdeckt wurden. Aber bei Dinosauriern? Und vor allem in dieser seltsamen Form! Von innen nach außen treten über den größten Teil des Knochens gar keine Rillen auf, aber dicht am Rand liegen sie dann umso enger!

Die Erklärung, die für diese Erscheinung bis heute angeboten wird, ist eine Hypothese. Auch bei den allergewaltigsten Sauriern waren die Eier nie länger als 30 Zentimeter, entsprechend winzig kamen dann auch die Jungen zur Welt. Wie soll aber ein Supersaurus von 100 Tonnen Gewicht und 17 Meter Höhe sein 25 Zentimeter großes Junges füttern oder schützen?

Vermutlich überhaupt nicht, denn bei diesen Größenunterschieden war das gar nicht möglich. Also müssen die Kleinen extrem schnell größer geworden sein, wenn sie überleben wollten. Während dieser schnellen Wachstumsphase, behauptet der Franzose de Ricqles, entstanden keine Ringe, sondern erst später, wenn die Tiere ausgewachsen waren.

Zwei Gründe sprechen für diese These. Einmal hat man nie Eier gefunden, die größer waren. Manche sind so gut erhalten, dass man noch die Embryonen darin erkennen kann. Sie beweisen, dass die Jungen auch der riesigsten Saurier beim Ausschlüpfen tatsächlich nur 10 bis 20 Zentimeter groß waren.

Und zum anderen zeigen versteinerte Fußspuren von Dinosaurierherden, dass die Jungen, auch wenn sie schon ein ganzes Stück größer waren, noch lange Zeit betreut wurden. Sie liefen immer in der Mitte, wo kein Raubsaurier sie erreichen konnte. Daraus hat man Folgendes geschlossen: Dinosaurier konnten sehr schnell wachsen und lebten im Familienverband. Beide Eigenschaften sind aber typisch für Warmblüter und für Säugetiere.

Werfen wir schnell einen Seitenblick auf die nächsten Verwandten der Dinosaurier, auf Krokodile zum Beispiel. Dinosaurier,

Fußspuren von Dinosauriern beweisen, dass die Jungen noch lange nach ihrer Geburt von den Eltern betreut wurden.

Krokodile und Schildkröten gehen nämlich auf dieselben Vorfahren zurück, die Archosaurier. Die Krokodile haben als echte Reptilien nun ähnlich winzige Junge wie die Saurier. Aber die Brutpflege sieht nicht besonders intensiv aus. Sie helfen ihnen lediglich beim Ausschlüpfen aus den Eiern, Nahrung müssen sich die Kleinen von Anfang an selbst suchen. Wenn der Hunger der Eltern groß ist, verschlingen sie manchmal sogar ihren eigenen Nachwuchs.

Spricht das Zusammenleben im Familienverband und die lange Betreuung der

Unsere heutigen Krokodile kümmern sich kaum um ihre frisch geschlüpften Jungen.

Jungen bei manchen Dinosauriern also dafür, dass sie schon Säugetiere waren? Und wenn ja, sagt man nicht dem Menschen, der am längsten für seinen Nachwuchs sorgt, nach, er habe gerade auf diese Weise seine Intelligenz gesteigert? Je länger Kinder in der Obhut der Eltern bleiben, desto mehr Informationen und Verhaltensmuster, also Erfahrungen, können sie übernehmen.

Aber noch einmal zurück zum Problem der Warmblütigkeit: Das schnelle Wachstum der Jungen wird dafür als Beweis genommen. Aber Warmblütigkeit heißt gleichbleibend warme Körpertemperatur. War denn das vor 100 Millionen Jahren und früher ein Vorteil?

Eidechsen fühlen sich am wohlsten und können blitzschnell reagieren, wenn ihnen die Sonne auf den Leib brennt. Wird es ihnen zu kalt, sind sie fast bewegungsunfähig.

Die Kraft des warmen Blutes

Was ist der wichtigste Unterschied zwischen einer Eidechse und, sagen wir, einer Maus oder zwischen einem Krokodil und einem Puma?

Die meisten von uns haben es sicher schon einmal beobachtet, wenn nicht „live", dann in einem Film: Brennt Eidechsen oder Schlangen die Sonne auf den Schuppenleib, sind sie lebhaft und können blitzschnell reagieren, also jagen oder fliehen. Ist es dagegen kalt, liegen sie träge herum oder verfallen sogar in eine Art Kältestarre. Reptilien werden aus diesem Grunde als *poikilotherm* oder *wechselwarm* bezeichnet. Das bedeutet, dass diese Tiere von der Außentemperatur abhängig sind.

Säugetiere haben immer eine gleichbleibende Temperatur. Beim Menschen liegt sie durchschnittlich bei 37,4 Grad, bei Katzen zum Beispiel bei 40 Grad. Warmblüter sind also zu jeder Zeit zu schnellen Reaktionen fähig.

Das hat Vor-, aber auch Nachteile. Für Urzeitforscher steht fest, dass noch vor 200 Millionen Jahren alle Lebewesen, also auch die ersten Dinosaurier und erst recht ihre Vorfahren, poikilotherm waren – und das aus gutem Grund. Das Klima war damals nämlich wärmer. In der Jura und Kreidezeit lagen die Temperaturen durchschnittlich 15 bis 20 Grad höher als heute.

Ein plötzlicher Klimawechsel könnte das Ende der Saurier verursacht haben. Die an hohe Temperaturen gewöhnten Reptilien vertrugen kalte Nächte und Wintereinbrüche nicht und gingen rasch zugrunde.

Selbst am Nordpol hatte das Wasser etwa zehn Grad, und kalte Nächte oder Winter gab es nicht. Die Wissenschaftler vermuten, dass damals vielleicht die Ozonschicht noch dünner war und mehr Strahlung als heute durchließ.

Wenn man seine Energie nun hauptsächlich von der Sonne bezieht, braucht man nicht so viel Nahrung, um durch Stoffwechsel im Körper eigene Wärme zu erzeugen. Wer nicht viel fressen muss, benötigt andererseits weniger Energie für die Jagd oder Futtersuche. Wechselwarm zu sein hatte also zu dieser Zeit deutliche Vorteile. Amerikanische Forscher haben das bewiesen. Sie untersuchten ein kleineres Krokodil von etwa 45 Kilo Gewicht und stellten fest, dass es täglich nicht mehr als 440 Kilokalorien braucht. Der Appetit eines Pumas von 42 Kilo war dagegen fünfmal größer. Das Tier verbrennt pro Tag 2140 Kilokalorien. Die Rechnung von Warmblütern geht also auf den ersten Blick gar nicht auf, der Aufwand ist größer als der Nutzen.

Warum einige Tierarten wie Säugetiere und Vögel später das poikilotherme „Sparmodell" trotzdem aufgaben, wissen wir nicht genau. Möglicherweise lag es wieder einmal an der Kontinentalverschiebung. Dadurch gab es vielleicht plötzlich Jahreszeiten oder größere Tag- und Nachttemperaturunterschiede. Jetzt ging die neue Kosten-Nutzen-Rechnung bei Säugetieren und Vögeln ganz klar auf. Bei den Dinosauriern funktionierte die Warmblütigkeit zumindest mehr als 100 Millionen Jahre vorzüglich, dann allerdings starben sie aus. Warum? Weil ihre Warmblütigkeit möglicherweise nur passiv war ...

Dinosaurier
als Kachelöfen

Mit dem französischen Anatom de Ricqles und seiner Theorie, dass die besondere Anordnung der Wachstumsringe bei Dinosauriern auf warmblütige Säugetiere schließen lässt, haben wir uns schon beschäftigt. Seine Entdeckung ließ die These zu, dass die Warmblütigkeit bei den jungen Dinosauriern vielleicht von einem Hormon gesteuert wurde, das dann bei Eintritt der Geschlechtsreife nicht mehr ausgeschüttet wurde. An den Knochen ist außerdem noch abzulesen, dass das Wachstum gleichmäßig, also ohne jahreszeitliche Schwankungen oder Unterbrechungen im Winter, verlief.

Bei den ausgewachsenen Sauriern gehen die Forscher dagegen von einer scheinbaren, einer sogenannten *Pseudowarmblütigkeit* aus, die vielleicht auch eine Erklärung dafür bietet, warum viele Saurier so riesige Ausmaße annahmen.

Auch hierzu wieder ein kleines Experiment: Amerikanische Wissenschaftler setzten Alligatoren von unterschiedlicher Größe in eine Klimakammer, in der genau die gleichen Bedingungen herrschten, wie die Reptilien sie auch in ihren natürlichen Lebensräumen vorfinden. Dann wurden tropische Tageshitze und nächtliche Abkühlung simuliert, dazu noch ein paar andere besondere Faktoren wie kühlender Wind oder Aufheizung durch den warmen Boden. In die Körper eingepflanzte Thermometer maßen dann, wie die unterschiedlich großen Tiere jeweils auf die wechselnden Temperaturen reagierten, um wieviel Grad sie beispielsweise abkühlten, wenn die Außentemperaturen sanken.

Die Testergebnisse sind hochinteressant: Viele größere Tiere speicherten die Wärme wesentlich länger als kleine. Hier wirkt der Kachelofeneffekt. Größere Alligatoren haben zum Beispiel einen Vorteil gegenüber kleineren Artgenossen, weil sie die Wärme im Körper länger speichern können und dadurch agiler und reaktionsfähiger bleiben. Bei den hundert- oder zweihundertmal so großen Dinosauriern muss dieses Prinzip noch wesentlich perfekter funktioniert haben.

Die Wärmezufuhr war so geregelt, aber funktionierte in der tropischen Hitze die

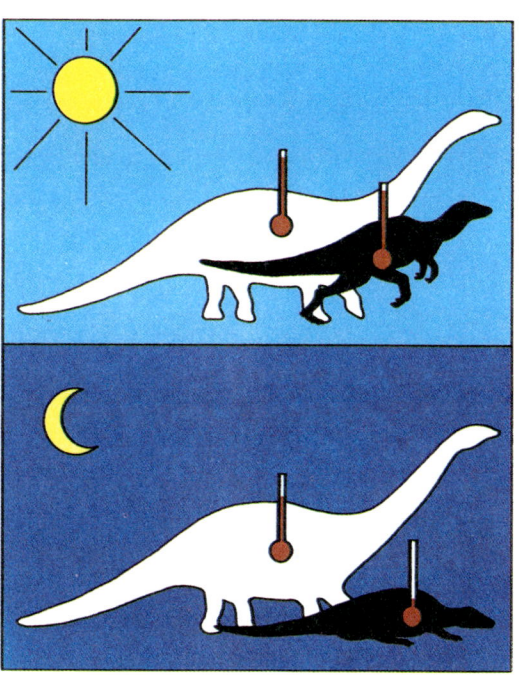

So funktioniert der Kachelofeneffekt: Testreihen haben ergeben, dass größere Tiere die Wärme wesentlich länger speichern als kleine. Deshalb waren die Riesensaurier vielleicht auch nachts aktiv.

Kühlung? So ein massiger Körper besitzt ja relativ wenig Außenhaut zum Kühlen. Das beweist eine einfache Rechnung: Bekanntlich wächst das Volumen des Körpers immer in der dritten Potenz, die Hautoberfläche aber nur im Quadrat. Viel Volumen bedeutet aber viel Stoffwechsel, also Verbrennung von Nahrung. Dabei entsteht wieder Wärme, die über die Haut nur schlecht abgebaut werden kann.

Unser größtes Landtier, der Elefant, löst dieses Problem, indem er Schutz unter großen Bäumen sucht. Außerdem besitzt er so etwas wie Kühlsysteme. Die großen Ohren, fast schon Hautsegel, mit denen sich das Tier Kühlung zufächelt, sind nämlich über und über mit Blutgefäßen durchsetzt. Wie aber schützte sich Supersaurus, der mindestens fünfzehnmal so schwer war wie ein Elefant? Die Baum-

Einige Wissenschaftler vermuten, dass die Dinosaurier ihre Farbe wechseln konnten, um sich vor Überhitzung zu schützen.

dächer waren damals noch nicht so dicht, und im Sumpf wäre er mit seinen 100 Tonnen leicht steckengeblieben.

Die Paläontologen rätseln sogar, ob zumindest einige Dinosaurierarten so etwas wie ein Chamäleon waren. Um überflüssige Hitze abzubauen oder weniger Sonnenenergie aufzunehmen, wechselten sie vielleicht ihre Farbe von schwarz zu weiß. Ernsthafte Berechnungen haben

ergeben, dass diese Farbänderung bei einem Riesensaurier tatsächlich die entscheidenden acht Grad gebracht hätte, die die Temperatur von 48 auf erträgliche 40 Grad senken.

Genauso rätselhaft bleibt nach wie vor, wie die langhalsigen Dinosaurier das Blut vom Herzen zum Gehirn pumpten. Bei Reptilien ist die Entfernung viel geringer und leicht zu überbrücken. Aber schon ein

Die mächtigen Panzerplatten der Stegosaurier dienten nicht nur dem Schutz des massigen Körpers, sondern auch zur Regelung der Körpertemperatur.

Brontosaurier hätte dazu einen Blutdruck von 500 gebraucht, ein Supersaurus sogar von 1500! Unmöglich! Also besaßen die Tiere vielleicht zwei Pumpen? Hier beginnt dann das Feld der reinen Spekulation.

Eines aber weiß man immerhin durch die Fossilienfunde ganz sicher. Es gab Dinosaurier, die zum Kühlen ähnliche Methoden anwandten wie der Elefant. Stegosaurus hatte mächtige Panzerplatten und Kühlrippen, Triceratops lange Kühlhörner. Wissenschaftler stellten bei ihren Untersuchungen zu ihrem Erstaunen fest, dass diese Knochen besonders gut durchblutet waren – zum Kühlen. Und das, obgleich sie auch als Angriffs- oder Abwehrwaffen dienten.

Riesen – Tag und Nacht auf der Flucht

Wenn wir einen Blick auf den Stammbaum der Dinosaurier werfen, fällt auf, dass die allergrößten Exemplare Pflanzenfresser waren. Das gilt sowohl für den Giganten Supersaurus als auch für den 80 Tonnen schweren Brachiosaurus.

Im Stammbaum der Dinosaurier sind noch längst nicht alle Abstammungslinien und Querverbindungen geklärt. Das Zeitalter der Saurier begann in der Trias vor über 200 Millionen Jahren und ging vor 65 Millionen Jahren mit der Kreidezeit zu Ende.

Der Vorfahre aller Dinosaurier, Flugsaurier und Krokodile war ein kleiner, zweibeiniger Thecodontier („Hülsenzähner") aus der Gruppe der Omithosuchier. Er lebte vor ungefähr 225 Millionen Jahren zu Beginn der Triaszeit. Mit Ausnahme der Krokodile und Vögel starben diese Reptilien am Ende des Erdmittelalters aus.

Die Schautafel zeigt die Entwicklungslinien und typische Vertreter einzelner Ordnungen.

Trias (vor 225–193 Mio. Jahren) | Ju

Lesothosaurus

GEPANZERTE SAURIER

Plateosaurus

Ornithosuchus

COELUROSAURIER

Ramphorhynchus

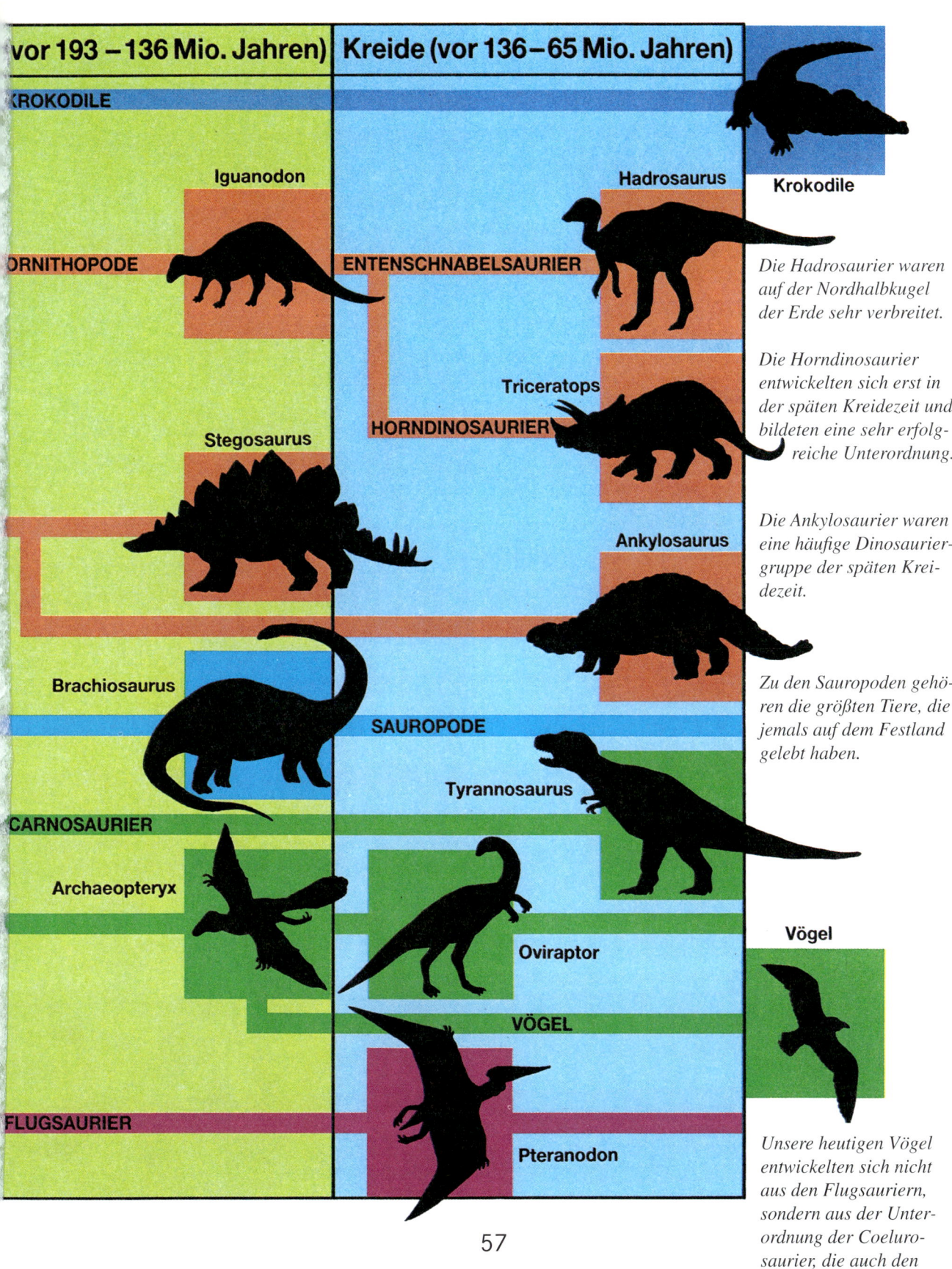

vor 193 – 136 Mio. Jahren) | **Kreide (vor 136 – 65 Mio. Jahren)**

KROKODILE

Iguanodon

Hadrosaurus

Krokodile

ORNITHOPODE

ENTENSCHNABELSAURIER

Die Hadrosaurier waren auf der Nordhalbkugel der Erde sehr verbreitet.

Triceratops

HORNDINOSAURIER

Die Horndinosaurier entwickelten sich erst in der späten Kreidezeit und bildeten eine sehr erfolgreiche Unterordnung.

Stegosaurus

Ankylosaurus

Die Ankylosaurier waren eine häufige Dinosauriergruppe der späten Kreidezeit.

Brachiosaurus

SAUROPODE

Zu den Sauropoden gehören die größten Tiere, die jemals auf dem Festland gelebt haben.

Tyrannosaurus

CARNOSAURIER

Archaeopteryx

Oviraptor

Vögel

VÖGEL

FLUGSAURIER

Pteranodon

Unsere heutigen Vögel entwickelten sich nicht aus den Flugsauriern, sondern aus der Unterordnung der Coelurosaurier, die auch den Urvogel Archaeopterys hervorbrachte.

57

Die Fleischfresser, also die Raubsaurier, waren im Durchschnitt kleiner. Selbst der größte und gefährlichste Räuber Tyrannosaurus-Rex erreichte gerade ein Drittel der Masse vom Supersaurus. Ist es möglich, dass das Kachelofenprinzip nur für Pflanzenfresser galt?

Immer wenn die Forscher bei der Beantwortung einer wichtigen Frage nicht weiterkommen, verlegen sie sich darauf, unter vergleichbaren Bedingungen heute lebende Tiere zu beobachten, wie wir gerade eben am Beispiel des Wärmehaushalts von Alligatoren gesehen haben. Sehr aufschlussreich war in diesem Zusammenhang auch die Beobachtung der Wüstenechse und ihres Feindes, des Rennkuckucks. Beide leben in den Wüsten des amerikanischen Südwestens. Als Vogel ist der Rennkuckuck ein Warmblüter.

Er kann also unabhängig von der Außentemperatur jagen. Die Echse ist wechselwarm. Wenn ihre Temperatur absinkt, wird sie träger. Bei 25 Grad Celsius kann sie beispielsweise noch Nahrung suchen. Für eine schnelle Flucht braucht sie dagegen eine Körpertemperatur von mindestens 32 Grad Celsius.

Unterstellt man jetzt einmal ähnliche Verhältnisse bei den Sauriern, dann heißt das, je größer die Tiere wurden, desto wahrscheinlicher konnten sie auch nachts ihren Feinden entkommen. Sie fielen zwar immer noch den Räubern zum Opfer, aber das Risiko gefressen zu werden, hielt sich jetzt in Grenzen.

Die Dinosaurier verfielen während kühler Nächte in eine Art Kältestarre und waren dann – im Gegensatz zu den ersten warmblütigen Säugetieren – nahezu bewegungsunfähig.

Verglichen mit dem Ernährungsbedarf eines wechselwarmen Warans, braucht ein warmblütiger Löwe vierzigmal soviel Nahrung.

Es bleibt jedoch noch die Frage offen, ob nur die ganz großen Pflanzenfresser temperaturstabil waren. Wahrscheinlich nicht, denn natürlich profitierten auch die immer größer werdenden Raubsaurier von ihrem Wachstum. Auch ihre Körpermassen konnten nun Wärme speichern – aber eben nicht soviel wie Supersaurus oder Brachiosaurus. Ganz genau wird man das zwar nie wissen, aber es gibt eine Möglichkeit, diese These zu überprüfen, nämlich über den Jagderfolg, den ein Tier braucht um zu überleben. Wie viele Beutetiere musste also ein Tyrannosaurus-Rex pro Jahr mit seinen messerscharfen Zähnen erlegen?

Dazu einige Beobachtungen und ein Rechenexperiment aus dem heutigen Ostafrika und Südasien:

Der amerikanische Biologe *Robert T. Bakker* zählte und verglich die Beute eines warmblütigen Löwen mit dem Bedarf eines wechselwarmen Warans. Der Löwe brauchte vierzigmal soviel Nahrung (umgerechnet in Antilopeneinheiten) wie der

Waran. Ganz genau: Hundert Antilopen ernährten einen Löwen ein Jahr lang. In Südasien hätte das für 40 Warane gereicht.

Die Größenunterschiede der beiden Tiere sind bei dieser Berechnung schon berücksichtigt. Daraus kann man ersehen, dass es für die Dinosaurier durchaus sinnvoll gewesen ist die Vorteile beider Lebensformen zu nutzen – den sparsamen wechselwarmen Stoffwechsel und die gesteigerte Aktivität durch passive Warmblütigkeit.

Es gab allerdings noch eine weitere Möglichkeit die gespeicherte Sonnenenergie besser zu nutzen: durch größere Schnelligkeit. Hier schlugen die Dinosaurier einen ähnlichen Weg ein wie später der Mensch.

Mit Riesenschritten verfolgt ein gieriger Tyrannosaurus-Rex einen flüchtenden Sauropoden, dessen gewaltige Beine mächtige Fußabdrücke hinterlassen.

Urzeitliche Rennläufer auf zwei Beinen

Stellen wir uns das Texas vor 100 Millionen Jahren vor:

Ein 50 oder 80 Tonnen schwerer pflanzenfressender Sauropode flieht in Todesangst vor einem der fürchterlichsten Ungeheuer, die jemals die Erde bevölkert haben. In die Enge getrieben, ändert er mehrmals die Richtung, bäumt sich auf und hinterlässt mit seinen gewaltigen Beinen kreisrunde Abdrücke von der Größe mehrerer Waschzuber. Verfolgt wird der gigantische Pflanzenfresser von einem Tyrannosaurus-Rex, der es „nur" auf sechs Meter Höhe, 15 Meter Gesamtlänge und sieben Tonnen Gewicht bringt.

Eigentlich ist der Verfolger also viel kleiner. Aber er verfügt über drei entscheidende Waffen: eine ganze Batterie messerartiger, gekrümmter Dolchzähne, jeder 15 bis 18 Zentimeter lang, zwei greifvogelartige Füße mit scharfen Krallen und eine neuartige Fortbewegung – er lief auf zwei Beinen.

Dieses neue Prinzip hat sich in der Natur in viereinhalb Milliarden Jahren Erdgeschichte gleich zweimal durchgesetzt – bei Sauriern und bei Menschen! Und noch etwas anderes verbindet den Tyrannosaurus mit dem Menschen. Er hatte ein größeres Gehirn als die vergleichsweise plumpen vierbeinigen Pflanzenfresser. Sagt man nicht auch vom Menschen, dass er durch den aufrechten Gang, den Gebrauch der Hände und das größere Gehirn sich zum intelligentesten Lebewesen entwickeln konnte?

Wie intelligent Tyrannosaurus-Rex war, werden wir wohl nie erfahren. Aber die Geschichte ist auch so spannend genug, denn abgesehen von der Intelligenz verschaffte die neuartige aufrechte Körperhaltung den Raubsauriern einen anderen Vorteil. Sie konnten viel schneller laufen als die plumpen, auf vier elefantenartigen Beinen durch die Wildnis stampfenden Pflanzenfresser der Gattung Supersaurus oder Brachiosaurus. Dank seiner über zwei Meter langen Läuferbeine konnte Tyrannosaurus-Rex bei der Jagd Viermeterschritte machen. Dabei streckte er seinen Kopf weit nach vorne und berührte mit dem mächtigen Unterkiefer fast den Boden. Um das Körpergewicht auszubalancieren, musste der lange, schwere Schwanz wie eine Balancierstange nach hinten in die Luft ragen. Nur in Ruhestellung

diente er als drittes Bein und lag auf dem Boden. Dann konnte sich das Tier bis zu sechs Meter hoch aufrichten und nach Beute Ausschau halten. Hatte es eine geeignete Beute entdeckt, jagte es mit zwanzig Stundenkilometern hinterher, eine Geschwindigkeit, wie sie Menschen beim Marathonlauf einhalten. Zugegeben, nicht allzu schnell, aber im Verhältnis zu einem Supersaurus beträchtlich schneller. Man darf schließlich nicht vergessen, dass auch Tyrannosaurus-Rex stattliche sieben Tonnen wog.

Davon abgesehen, gab es aber auch regelrechte Rennläufer unter den fleisch-

fressenden Dinosauriern. Die ebenfalls zweifüßigen Camosaufier der Gattung *Deinonychus* (übersetzt bedeutet das *Schreckliche Kralle*) konnten große Luftsprünge machen und erreichten ein Spitzentempo von 50 Stundenkilometern. Das hat man aus der Schrittlänge von versteinerten Fußabdrücken errechnet.

Für die langsameren Beutetiere müssen diese „Hochgeschwindigkeitsräuber" eine furchtbare Bedrohung gewesen sein: Vielleicht rannten die „Schrecklichen Krallen" sogar in Rudeln auf die großen Riesensaurier zu, umkreisten sie fauchend, sprangen sie an und schlugen ihnen mit ihren scharf gekrümmten Krallen tiefe Wunden in den Körper. Die Vorderbeine waren bei diesen Raubsauriern übrigens sehr zurückgebildet, so dass sie nicht einmal zum Festhalten der Beute taugten. Die Forscher rätseln noch, wozu sie überhaupt benutzt wurden.

Rennen, hüpfen und sogar springen – diese neuen Fähigkeiten hatten die zweibeinigen Dinosaurier ihren Vorfahren,

Für die relativ langsamen Riesensaurier waren die schnellen Fleischfresser eine oft tödliche Bedrohung.

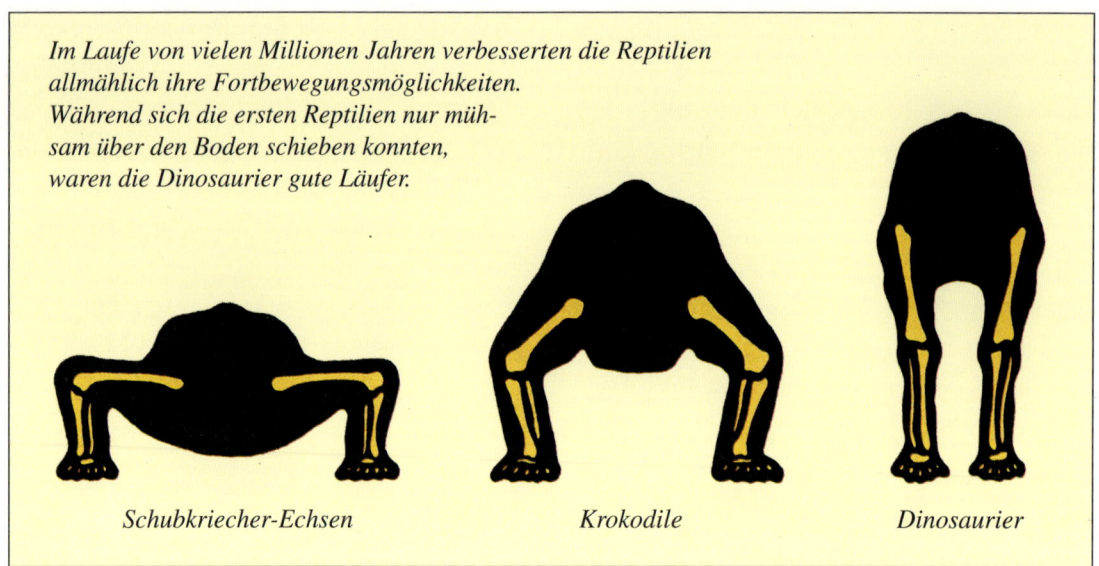

Im Laufe von vielen Millionen Jahren verbesserten die Reptilien allmählich ihre Fortbewegungsmöglichkeiten. Während sich die ersten Reptilien nur mühsam über den Boden schieben konnten, waren die Dinosaurier gute Läufer.

Schubkriecher-Echsen   Krokodile   Dinosaurier

den Archosauriern, zu verdanken; das geht eindeutig aus Fossilien hervor. Diese bis zu vier Meter langen Reptilien lebten vor etwa 250 Millionen Jahren. Einige von ihnen hatten ausgesprochen kräftige Hintergliedmaßen, dagegen kürzere und deutlich schwächere Vorderbeine. Die Paläontologen vermuten, dass einige dieser Dinosauriervorgänger wenigstens zeitweilig aufrecht gehen konnten.

Es ist einleuchtend, dass schließlich nicht alle ihre Nachkommen diese Anlage nutzten. Die Saurier, die sich auf Pflanzennahrung spezialisierten, brauchten für den „Beutefang" keine hohen Geschwindigkeiten.

So schnell wie die kleineren Raubsaurier hätten sie auch nie laufen können und ein Gewicht von 80 oder 100 Tonnen kann man außerdem nicht mit zwei Beinen abstützen. Also schützten sich die Pflanzenfresser auf andere Weise. Sie lebten in Herden zusammen und entwickelten knöcherne Panzerplatten oder wirksame Stoßzähne und Hörner auf der Nase.

Ein Sieg über die Schwerkraft

Halten wir einmal fest: Die neuartige Beinstellung der Dinosaurier, die später auch bei Säugetieren, Vögeln und Menschen auftrat, war für die Evolution wichtig. Das leuchtet sofort ein, wenn man einmal daraufhin die Echsen oder Reptilien betrachtet. Echsenbeine ragen schräg aus dem Leib heraus. Bei Säugetieren dagegen und auch schon bei den Raubsauriern sitzen sie senkrecht unter dem Körper. Die Anatomen meinen, dass mit dieser Beinstellung ein glänzender Sieg über die Schwerkraft errungen wurde. Die so genannten „Schubkriecher-Echsen" konnten nämlich ihre Körper nur mit äußerster Anstrengung, also mit viel Energie, über den Boden schleifen. Die Schrittspur war breit, und Ober- und Unterschenkel bildeten einen Winkel von 90 Grad. Im Laufe ihrer Entwicklung wurde dann dieser Winkel Schritt für Schritt verbessert. Bei

manchen Reptilien, zum Beispiel Krokodilen, ragen die Beine zwar auch heute noch seitwärts heraus, aber durch einen Winkel von 120 Grad zwischen Ober- und Unterschenkel kann der Körper erstmals frei schweben. Bei Dinosauriern, Vögeln und Säugern wurden die Beine dann länger, standen unter dem Körper und der Schwerpunkt verlagerte sich ins Becken. Nur so konnten Oberkörper und Schwanz nämlich ausbalanciert werden und versetzten Tyrannosaurus-Rex in die Lage, mit weit vorgestrecktem Kopf zu laufen und sogar große Sprünge zu machen. Aus dem noch relativ plumpen Reptil wurde also ein wendiger Läufer.

Das kann man unter anderem auch an den Knochen ablesen. Tyrannosaurus Rex besitzt nämlich einen besonders biegsamen Zusatzwirbel im Kreuzbein, der Becken und Wirbelsäule verbindet. Er diente dazu, Erschütterungen, wie zum Beispiel beim Sprung, abzufedern. Da der schwere Saurier fast immer auf den Fußspitzen stand, ging und sprang, musste sich im Laufe der Zeit auch der Mittelfuß-

So könnte sich die Entwicklung vom Reptil zum Vogel abgespielt haben: Kleine, flinke Straußendinosaurier wie der Ornithomimus flüchteten sich häufiger auf Bäume ...

... und es bildeten sich im Laufe von vielen Millionen Jahren erst Flughäute und dann richtige Federn. Der Archaeopteryx entstand.

knochen verkürzen und verstärken, damit sich der Saurier damit kräftig vom Boden abstoßen konnte. Das hat man anhand der Knochenfunde schließen können.

Vor 180 Millionen Jahren gab es aber neben den größeren Räubern schon einen drei bis vier Meter langen, Ornithomimus genannten Saurier, der ähnlich wie der heutige Vogel Strauß lief. Er war unter den Kolossen ein Leichtgewicht und wohl deshalb besonders häufiger Verfolgung ausgesetzt. Da half vermutlich oft nur die Flucht auf einen Baum. Die ersten Saurier dieser Art entwickelten später Flughäute zwischen Armen und Beinen und aus ihrer Art ging der erste etwa taubengroße und mit richtigen Federn bedeckte Vogel hervor: der *Archaeopteryx*. Ehe es soweit war, vergingen aber viele Millionen Jahre, und auch dann noch erinnerten Gebiss und langer Knochenschwanz an die Reptilien. Die Flugleistungen waren vermutlich eher bescheiden, reichten aber wohl gerade aus, um sich flatternd vor größeren Feinden in Sicherheit zu bringen.

Der lange Weg vom Wasser aufs Land

Woher kamen die Dinosaurier? Auch diese Frage lässt sich anhand von Fossilien einigermaßen genau und ausführlich beantworten. Schließlich fielen die Giganten nicht einfach aus heiterem Himmel zur Erde und die Schöpfungsgeschichte als Erklärung für ihr Vorkommen gilt wissenschaftlich als überholt – jedenfalls die Vorstellung, dass Noah mit seiner Arche neben vielen anderen Tieren vielleicht auch ein paar Saurier vor der Sintflut rettete. Die archäologischen Funde dokumentieren ziemlich lückenlos den langsamen Übergang der Tiere vom Wasser aufs Land und geben auch darüber Auskunft, wann die ersten Vorfahren der Dinosaurier auftauchten und wie sie aussahen.

Drehen wir einmal die Erdgeschichte für ein paar Leseminuten um 345 Millionen Jahre zurück. Das Zeitalter des Devon geht gerade zu Ende. Die Karbonzeit, in der jene riesigen Bäume wachsen sollten, aus denen später unsere Steinkohle wurde, kündigt sich bereits an.

Der Urlurch kommt an Land

In einem tropischen Landstrich auf dem Urkontinent Pangaea, nicht allzu weit entfernt vom warmen Ozean, ist schon vor Wochen die Regenzeit zu Ende gegangen.

Überall in der weiten Savanne beginnen die Seen und Tümpel auszutrocknen und die Flussläufe, die sich noch im Frühjahr wie reißende Ströme gebärdet und ungeduldig ins Meer gestürzt hatten, werden wieder zu harmlosen Bächen. Bald werden sie nur noch steinige Geröllhalden sein, ausgedörrt bis auf ein paar Schlammlöcher.

Ein kleiner Lurch, ein *Ichthyostega*, beobachtet diese Entwicklung mit Sorge. Jedes Jahr entsteht das gleiche Problem. Während der Regenzeit dringen viele Fische über die Flüsse in die Süßwasserseen vor, weil es dort besonders viele Insekten und andere Nahrung gibt. In der Dürrezeit beginnt dann das große Sterben. Das Wasser verschwindet, und damit können die Kiemen auch keinen Sauerstoff mehr herausfiltern. Hilflos schnappen die Tiere nach Luft und verenden schnell. Überleben können jetzt nur jene Süßwasserfische, die schon kleine, blasenartige Lungen entwickelt haben. Sie umgeben sich mit einer Schleimschicht, um die Haut vor dem Austrocknen zu schützen und wühlen sich tief in den Schlamm hinein, wo sie die Trockenperiode einfach verschlafen. Oder sie machen es wie der Ichthyostega. Der kriecht größere Strecken über das Land und sucht sich einen See oder Sumpf, der nicht austrocknet.

Der erste Lurch der Erdgeschichte hatte also gegenüber seinen Vorfahren, den Quastenflossern, einen gewaltigen

Der Ichthyostega hatte als erster Lurch der Erdgeschichte kräftige Beine, mit denen er auf dem Land größere Entfernungen zurücklegen konnte. Geblieben ist der fischähnliche Schwanz.

Vorteil. Während diese mit ihren muskulösen Flossen und einer primitiven Lunge nur ganz kurze Strecken über Land kriechen konnten, besaß der Ichthyostega vier kräftige Beine mit je fünf knochigen Fingern oder Zehen. Damit ließen sich leicht auch größere Entfernungen zurücklegen. Trotz seines noch fischartigen Schwanzes war er aber eigentlich kein Fisch mehr. Zwar lebte er noch die meiste Zeit im flachen Wasser oder in Sümpfen, aber auch seine Schädelknochen hatten sich verändert. Das Maul war länger, vermutlich, um noch leichter und genauer nach Beute schnappen zu können. Dafür hatte sich der Hinterkopf verkürzt. Auch das hatte

etwas mit dem neuen Lebenselement zu tun. In der Luft sind nämlich chemische Geruchsstoffe wesentlich schwächer verteilt als im Wasser, daher braucht man auf dem Land eine gute Nase und entsprechende Zentren im vorderen Gehirn, die alle wichtigen Geruchssignale schnell und präzise umsetzen. Trotzdem bevorzugte der Lurch als Amphibium immer noch das Wasser.

Die Entstehung der Reptilien

Machen wir jetzt einen Sprung in die Karbonzeit. Sie brachte für die Evolution wichtige klimatische Veränderungen. Jetzt gab es nämlich keine langen Trockenzeiten mehr, sondern es regnete fast das ganze Jahr über – ähnlich wie heute in den tropischen Regenwäldern. Ständig gab es kurze, heftige Güsse, manchmal auch stundenlange Wolkenbrüche. Das waren also ideale Voraussetzungen für *Amphibien*. Manche Lurche blieben nun wieder länger im Wasser und entwickelten sich zu hervorragenden Flachwasserschwimmern, andere passten sich an die Landbedingungen an. Ihre Lungen wurden leistungsfähiger, der Fischschwanz, an Land eher lästig, verkürzte sich oder verschwand ganz. Die Wirbelsäule festigte sich, so dass der Körper von den kurzen, kräftigen Beinen besser getragen werden konnte. Er hing jetzt nicht mehr durch und schleifte weniger über den Boden. Daraus resultierte, dass die Amphibien schneller und wendiger wurden. Insekten entkamen ihnen kaum noch, wenn sie sich erst einmal irgendwo niedergelassen hatten. Und

schließlich vollzog sich dann irgendwann der Übergang von den Amphibien zu den Reptilien.

Die *Reptilien* bewegten sich am Anfang ihrer Entwicklung genauso vorwärts wie Amphibien. Der größte Teil lebte auch noch überwiegend im Wasser, weil es dort die meiste Nahrung gab. Schließlich waren sie keine Pflanzenfresser, sondern machten Jagd auf Insekten oder fraßen sich sogar gegenseitig auf.

Der entscheidende Schritt beim Übergang vom Wasser aufs Land wurde bei der Fortpflanzung getan. Bisher legten Fische wie Lurche nach der Befruchtung

Das Reptil Euparkeria gehörte zu den unmittelbaren. Vorgängern der Dinosaurier und lebte in der späten Permzeit vor ungefähr 240 Millionen Jahren.

ihre Eier im Wasser ab – und zwar sehr viele, oft Millionen. Das war auch nötig, denn es gab jede Menge Feinde, die nur darauf warteten, die Eier oder die hilflosen, gerade ausgeschlüpften Larven zu verschlingen. Reptilien dagegen entwickelten nun Eier mit harten Schalen, die sie an Land ablegten, wo es zu dieser Zeit kaum oder viel weniger Feinde gab. Jetzt mussten nicht mehr Millionen von Eiern produziert werden damit wenigstens einige Larven überlebten, sondern es genügten ein paar, die gut versteckt wurden und durch ihre feste Schale gegen das Austrocknen geschützt waren.

Diese neuartigen Amphibieneier waren richtige Kunstwerke. Man nennt sie heute *amniotische Eier,* weil der Embryo in einer *Amnion* genannten Fruchthülle heranwächst. Während dieser Zeit liefert das Eidotter die Nahrung. Mit Hilfe der *Allentois,* einer zweiten Gewebeschicht, kann der Embryo Sauerstoff aus der Außenluft herausfiltern und Kohlendioxyd wieder abgeben. Das Ganze wird durch die luftdurchlässige Schale *(Chorion)* geschützt, die zum Aufbau der nun bei den Reptilien sehr wichtigen und schon recht kräftigen Knochen noch wertvolle Mineralien enthält.

Diese Entwicklung haben Archäologen und Paläontologen aus Fossilienfunden abgelesen und gedeutet. Doch bei aller Eindeutigkeit der Beweise liest sich das hier selbstverständlicher und logischer als es ist. Damit sollen keine Zweifel an den Forschungsergebnissen seriöser Wissenschaftler angemeldet werden. Ich will damit nur sagen, dass man zwar weiß, ab wann Lurche mit richtigen Beinen und Zehen existierten, aber nicht, wie es dazu kam.

Schlugen vielleicht irgendwann Fische, die aufs Trockene geraten waren, wild mit ihren Flossen um sich? Krochen sie zunächst im oder unter Wasser über den sandigen oder schlammigen Grund um sich an Insekten auf der Wasseroberfläche heranzupirschen? Dabei könnten allmählich Muskeln entstanden sein. Bildete sich langsam die Flossenhaut zurück und fanden die nackten Knochenglieder auf dem Untergrund dann besseren Halt?

Und vor allen Dingen, wie vererbte sich solch eine neue Eigenschaft, die sich als besonders erfolgreich herausstellte? Auf alle diese Fragen gibt es bis heute noch keine eindeutigen Antworten und das trifft nicht nur auf die Reptilien, sondern eigentlich auf fast alle Übergänge von einer Entwicklungsstufe zur anderen zu, die es im Laufe der Jahrmillionen gegeben hat.

Wie auch immer die Entstehung der Reptilien letztendlich vor sich gegangen ist, fest steht jedenfalls, dass es sie im Permzeitalter bereits gab. Damals war es auf der Erde wieder wesentlich trockener geworden. Viele Reptilien lebten nach wie vor überwiegend im Wasser, aber einige Arten fühlten sich auf dem Trockenen immer wohler. Der „Trick" mit dem Schalenei hatte sich bewährt, und der Nachwuchs konnte sicher überleben. Nach und nach veränderte sich das Aussehen der Reptilien immer mehr. Die Knochen wurden kräftiger und es entstand ein richtiges festes Gerüst. Dann streckten sich die Beine und verschoben ihre Lage allmählich unter den Körper, der dadurch viel leichter angehoben werden konnte.

Das eigentümliche Reptil Dimetrodon verfügte über ein riesiges Rückensegel, mit dem es Sonnenwärme aufnehmen konnte.

Das Reptil mit dem Sonnensegel

Hätte es gegen Ende der Perm- und zu Beginn der Triaszeit schon Fotografen gegeben, dann wären sie pausenlos auf der Pirsch gewesen nach einem Tier, das selbst für urzeitliche Verhältnisse sehr extravagant aussah: ein Reptil, das als echter Vorläufer der Säugetiere gilt. Versetzen wir uns 225 Millionen Jahre zurück:

Es ist ein kühler Morgen. Gerade geht die Sonne über den Ginkgobäumen und palmartigen Gewächsen auf. In den ausgedehnten Sümpfen quaken die Frösche und Krokodile räkeln sich träge im Schlamm. Von den steilen Felsen über der Schlucht, durch die der kleine Bach dem nahen Meer entgegenplätschert, flattern ein paar Flugechsen auf. Ihre Flughäute reichen gerade für einen abenteuerlichen Sturzflug aus. Mit einem lauten Platschen tauchen sie immer wieder in den See ein, schon auf der Suche nach kleinen Fischen oder Larven von Lurchen.

In einer feuchten Senke, die vollständig von Farnen überwuchert ist, bewegt sich schläfrig ein größeres Tier. Es ist ein Reptil von etwa dreieinhalb Meter Länge. Vorsichtig lugt es aus seiner Deckung heraus, dann schiebt es seinen schuppigen Körper mit dem langen Echsenschwanz und dem kurzen, kräftigen Kopf ganz heraus und stellt auf dem Rücken ein Hautsegel auf, das fast dreimal so hoch ist wie das Tier selbst. Eine knappe Stunde bleibt der Fleischfresser, dem die Wissenschaftler den Namen *Dimetrodon* gegeben

Das quer zur Sonne aufgestellte Rückensegel diente der Wärmezufuhr. Bei großer Hitze stellte sich das Reptil frontal zur Sonne auf.

haben, regungslos sitzen und stellt das Segel quer zur höher steigenden Sonne. Während dieser Zeit suchen die kleinen scharfen Augen das Gelände ab, denn ein 250 Kilo schwerer Körper braucht täglich eine ganze Menge Nahrung.

Nach spätestens einer Stunde hat der Dimetrodon dann so viel Energie getankt, dass die Körpertemperatur um rund sechs Grad gestiegen ist. Das reicht für die Jagd, eventuell für eine schnelle Flucht

oder andere Beschäftigungen des Tages. Mehr Hitze wäre dagegen schon wieder von Übel. Also stellt sich das Reptil nun frontal zur Sonne, so dass die Strahlen nur auf die schmale Kante des Segels fallen. Außerdem besteht natürlich jederzeit die Möglichkeit ein kühlendes Bad zu nehmen oder sich in den Schatten der Riesenfarne zu begeben.

Das Hautsegel des Dimetrodon gilt als erster Schritt der Reptilien hin zur Warmblütigkeit. Der Hautlappen, der von Dornfortsätzen der Wirbelsäule gestützt wurde, war von vielen kleinen Äderchen durchzogen. So konnte die Echse jederzeit Blut hineinpumpen, das dann von der Sonne gewärmt oder vom Wind gekühlt wurde, je nachdem, wie das Segel aufgestellt war. Ohne diese Sonnenheizung hätte das Tier nach kühlen Nächten zwei bis drei Stunden gebraucht, um seine Körpertemperatur um die nötigen sechs Grad zu erhöhen. Die Verkürzung dieser Zeit um mehr als die Hälfte war also ein echter evolutionärer Fortschritt. Und das Sonnensegelprinzip wurde in der Folgezeit häufiger angewendet.

Das Zeitalter der Trias brachte wieder eine Klimaänderung mit sich, denn es wurde überall fast tropisch warm. Der Eispanzer, der sich im Perm von der Antarktis bis über Teile des südlichen Landmassivs Gondwanaland geschoben hatte, taute ab, und warme Meeresströmungen umspülten nun die Kontinente, die immer noch in einem einzigen Block als Pangaea zusammenlagen. Das Tethysmeer trennte Gondwanaland nur teilweise von dem nördlichen Landmassiv Laurasia.

Die ersten Säugetiere

Die echten Warmblüter, also Säugetiere, die sich auch im Zeitalter der Trias entwickelten, waren kleiner als das Dimetrodon und lösten das Problem einer gleich bleibenden Körpertemperatur ganz anders: Sie verwandelten ihre Nahrung rascher und intensiver in Energie, und sie machten sich dadurch von der Außentemperatur ziemlich unabhängig. Das war jedoch nur durch raffinierte Weiterentwicklungen des Körpers möglich. Ein harter Gaumen musste zum Beispiel dabei helfen, die Kanäle für Nahrung und Atmung zu trennen. Das war nötig geworden, weil die chemischen Verbrennungsvorgänge im Körper viel Sauerstoff verlangten, weshalb Essen und Atmen gleichzeitig ablaufen mussten. Nachdem die Atmung auch während des Fressens möglich geworden war, konnten die Tiere die Nahrung gründlicher für die nachfolgende Verdauung vorbereiten. Im Zuge dieser Entwicklung entstanden spezielle Zähne zum Zerkleinern und Feinmahlen. Und auch die Hautoberfläche änderte sich: Zunächst nur an den Schnauzen, dann aber auch am ganzen Körper begannen Haare zu wachsen und die Schuppenhaut zu ersetzen. Auch das war eine Methode um die Körpertemperatur möglichst gleichbleibend zu halten.

Mit diesem „neuen" Körper, einer „leistungsfähigen Verbrennungsmaschine" ausgestattet, waren die Warmblüter

Die frühen Säugetiere waren Allesfresser. Sie ernährten sich von Früchten und Samen ebenso wie von Insekten und Dinosauriereiern. Ein dichtes Fell schützte sie vor dem Auskühlen.

den Dinosauriern weitaus überlegen. Außerdem hatten sie auf dem Wege der Evolution einen weiteren bedeutsamen Schritt gemacht: Sie waren echte Säugetiere geworden. Jetzt hätten sie auch in der Körpergröße längst an die Saurier heranreichen können.

Warum aber begann der Aufstieg der Säugetiere erst vor 65 Millionen Jahren, als die Dinosaurier bereits ausgestorben waren, und nicht schon früher? Waren ihnen die Saurier im Weg?

Bevor wir dieses Rätsel lösen, müssen wir erst einmal einen Blick auf die verschiedenen Möglichkeiten werfen, mit denen sich damals die einzelnen Gattungen fortpflanzten.

Die Säugetiere gelten heute als die am weitesten ausgebildeten Tiere, da sie keine Eier mehr legen, sondern ihre Jungen lebend zur Welt bringen. Danach säugen sie ihren Nachwuchs und kümmern sich auch sonst weit länger und intensiver um ihn als Reptilien, Lurche oder Fische.

Dadurch sind Säugetiere lernfähiger. Ihre behaarte Haut ist berührungsempfindlicher als die primitiven Schuppen der Echsen. Wohl auch deshalb entstanden im Gehirn Zentren die Gefühle erzeugen, also Antworten auf Umweltreize liefern.

Wenn man das alles bedenkt, kann man sich vorstellen, was sich organisch alles verändert haben muss, damit aus den Reptilien Säugetiere wurden! Woher kamen zum Beispiel plötzlich die inneren Organe der Weibchen, die den Embryo während der langen Tragezeit mit Nährstoffen versorgten? Wie entstanden die Milchdrüsen, die diese Jungen nach der Geburt als Nahrungsquelle vorfanden?

Das Erstaunliche dabei ist, dass man auf die meisten dieser Fragen ausgerechnet beim Ei Antwort findet! Nehmen wir es einmal genauer unter die Lupe: Was passiert normalerweise im Ei eines Fisches?

Bevor aus dem Keim, der in jedem Ei enthalten ist, ein kleiner Fisch heran-

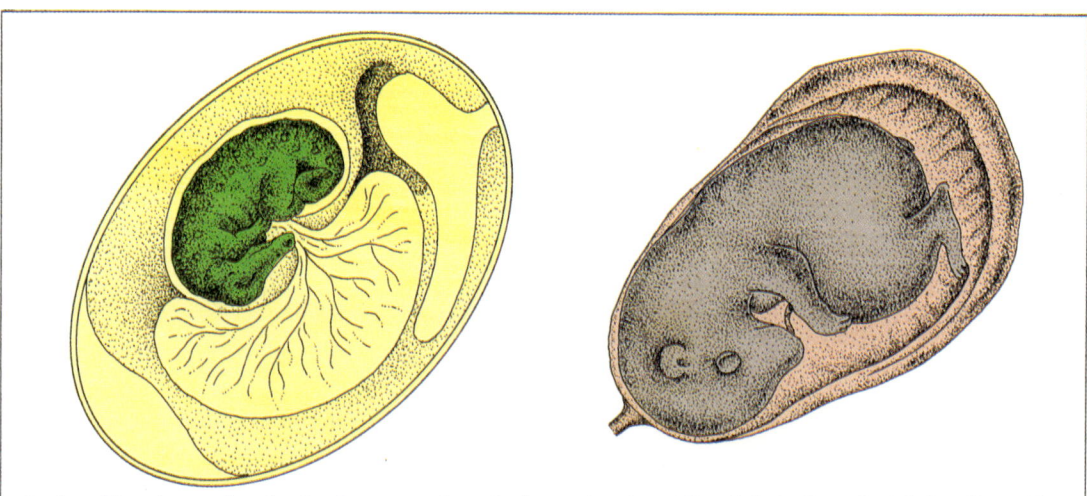

In Reptilieneiern schwebt das heranwachsende Junge in einer Flüssigkeit. Das Gefäß für diese Flüssigkeit ist das Amnion, die Eihaut. Die Fruchtblase der Säugetiere entwickelte sich aus der Eihaut der Reptilieneier.

Schon in der Urzeit waren Eier eine Delikatesse, die manchen Spezialisten angelockt hat.
Ein Oviraptor („Eierdieb") plündert das Gelege eines Dinosauriers.

wächst, muss er ernährt werden. Zu diesem Zweck verbindet ihn eine Art Schlauch mit dem Eidotter der ständig Nährstoffe liefert. Der gleiche Schlauch transportiert auch die dabei anfallenden Abfallstoffe weg. Wer sich nun Säugetierembryonen im Mutterleib ansieht, macht eine verblüffende Entdeckung, denn die Nabelschnur der Säugetiere musste gar nicht neu entwickelt werden. Sie war ja im Ei längst vorhanden. Die neue Gattung Säugetier war also gar nicht so neu ...

Wenden wir uns nun den Reptilieneiern zu. Alle Reptilien, ob Schlangen oder Dinosaurier, selbst Krokodile und Schildkröten, die ja eigentlich überwiegend im Wasser leben, legen ihre Eier an Land ab. Diese haben deshalb eine Schale, die zwar von außen genügend Sauerstoff durchlässt, aber von innen nach außen möglichst überhaupt keinen Wasserdampf verliert. Das heranwachsende Junge schwebt nämlich in einer Flüssigkeit − und das Gefäß für diese Flüssigkeit ist das Amnion, die Eihaut. Wir ahnen es schon: Diese Eihaut entspricht vollständig der Fruchtblase bei den Säugetieren!

Aber sehen wir weiter. Was wird denn im Reptilienei aus den Abfallstoffen, die bei jedem Eiweißstoffwechsel anfallen?

Der giftige Harnstoff, der noch bei Fischeiern einfach ans Wasser abgegeben wurde, gelangt in eine Art Sack. Untersucht man ein solches Ei genauer, dann erkennt man, dass es von einem Netz von Blutgefäßen umgeben ist – unter der Schale natürlich. Durch diese winzigen Adern fließt der Harnstoff zum Harnsack. Umgekehrt fließt vom Harnsack zum Embryo hin Sauerstoff, der von außen durch die Schale gesickert ist. Er hat sich – zunächst in der Harnflüssigkeit aufgelöst und wird dann ans Blut abgegeben.

Jetzt haben wir also schon die Fruchtblase, die Ansätze zum Mutterkuchen und zur Plazenta – man sieht, die wichtigsten neuen Organe der weiblichen Säugetiere waren bereits entwickelt. Allerdings müssen wir auch zugeben, dass sie erst im Reptilienei entstanden. Tiere mussten also das Land entdecken und besiedeln, um die Revolution der Säugetiere vorzubereiten.

„Wie das Leben so spielt", das ist eine häufige Redensart. Vielleicht „spielt" die Evolution tatsächlich, um auf neue Anforderungen der Natur zu reagieren. Allerdings tauchen mit neuen Lösungen meistens auch wieder neue Probleme auf. Das Reptilienei zum Beispiel war auch noch nicht das Ei des Kolumbus. Obwohl im Sand vergraben, konnte es trotz der Schale immer noch austrocknen. Eiräuber fanden es und manchmal war die Schale auch zu hart, so dass zum Beispiel manche Krokodilarten ihre Jungen erst freiknacken müssen ohne sie zu verletzen.

Bei den großen Dinosauriern wurden die kleinen Eier schließlich regelrecht zu Gefängnissen. Der Nachwuchs kam so klein auf die Welt, dass sich die gigantischen Eltern erst einmal gar nicht um ihn kümmern konnten. Nur bei Vögeln scheint sich das Prinzip auf Dauer bewährt zu haben.

Bei all diesen Schwierigkeiten ist es eigentlich die beste Lösung die Eier im Mutterleib zu behalten und erst die ausgeschlüpften Jungen in die schöne, aber auch ganz schön gefährliche Welt zu entlassen. Am Anfang blieb vielleicht das Ei einfach von Körperflüssigkeit umgeben im Eileiter und wurde aus dieser Flüssigkeit mit Sauerstoff versorgt. Im nächsten Schritt nistete es sich dann richtig im Eileiter ein. Auf dieser Stufe stehen noch heute einige Eidechsenarten.

Das harte Reptilienei entwickelte sich also sozusagen wieder zum Fischei zurück und verlor seine Schale. Schließlich bekamen die Adern der Eihaut Kontakt mit dem Blutgefäßsystem der Mutter, von dem der Embryo Sauerstoff und Nahrung erhielt. Immer enger wurde dieser Kontakt zwischen Ei *(Embryo)* und Mutterleib, bis schließlich die Gebärmutter der Säugetiere entstanden war.

Wir kennen natürlich nicht alle Übergangsformen und wissen auch nicht genau, wie die Milchdrüsen entstanden sind. Wahrscheinlich waren sie ursprünglich Schweißdrüsen, denn man weiß, dass Tiere, die Eier ausbrüten, manchmal sogenannte Brutflecken bekommen. Das sind Körperteile, die heißer werden als andere und oft auch Feuchtigkeit absondern. Nach Ansicht vieler Biologen haben sich daraus die Milchdrüsen entwickelt.

Der Horndinosaurier Protoceratops legte bis zu 18 Eier, die jeweils ungefähr 20 Zentimeter lang waren und nur eine dünne Schale hatten. Das Ausschlüpfen war nicht schwer.

Einen Beweis für diese Theorie stellt vielleicht das heute in Australien lebende Schnabeltier dar. Es legt zwar wie die Reptilien Eier (meistens zwei, mit einem besonders großen Dotter), aber die ausgeschlüpften nackten und blinden Jungen werden gesäugt – und zwar mit einer zähflüssigen, fettreichen Milch, die aus schweißdrüsenartigen Poren ins Fell der Mutter sickert. Verlassen die Jungen dann voll behaart nach 17 Wochen die Bruthöhle, erhalten sie von da an keine Hilfe mehr bei der Futtersuche.

Das Schnabeltier blieb also auf halbem Wege vom Reptil zum Säugetier stehen.

Trotzdem starb es nicht aus, vielleicht, weil es im isolierten Australien kaum natürliche Feinde hatte. Vielleicht besitzt es aber auch, wie manche Biologen glauben, tatsächlich irgendeinen sechsten Sinn, der ihm vor allem bei der Futtersuche hilft.

Fassen wir noch einmal zusammen: Vor 165 Millionen Jahren war die Entwicklung vom Reptil zum Säugetier abgeschlossen. Säugetierähnliche Reptilien und echte, meist rattengroße Säuger bevölkerten die Erde und nichts schien ihren weiteren Aufstieg aufhalten zu können. Aber dann tauchte der erste echte Dinosaurier auf! Zwei bis drei Meter lang, mit furchtbarem

Gebiss, Rücken und Flanken mit Knochenplatten bedeckt. Spitze Stacheln am Hals schützten die empfindlichsten Stellen gegen Angreifer. Dieser große Räuber wird heute Ornithosuchus genannt, und von ihm stammen alle fleischfressenden großen Dinosaurier ab. Er ist der Grund, warum der Aufstieg der Säugetiere für ungefähr 100 Millionen Jahre gestoppt wurde. In dieser Zeit entstand dann stattdessen eine imponierende Vielzahl von Saurierarten, die alle Lebensbereiche besiedelten, während die Säugetiere regelrecht in den „Untergrund" gedrängt wurden. Sie durften sich jetzt nur noch nachts aus ihren Höhlen trauen.

Ornithosuchus war der Urahn aller fleischfressenden Dinosaurier und ein gefürchteter Räuber in der Triaszeit. Er ernährte sich unter anderem von den frühen Säugetieren.

Zwei Cynognathus, säugetierähnliche Reptilien aus der Triaszeit, streiten sich um eine erbeutete Eidechse.

Der unaufhaltsame Aufstieg der Raubsaurier

Als zu Beginn der Trias dieser neue, gefräßige Archosaurier auf die säugetierähnlichen Reptilien *(Therapsiden)* traf, muss es regelrechte Massaker gegeben haben, denn er war ihnen haushoch überlegen. Die Therapsiden, im kalten Perm mit seinen Eiszeiten noch die fortschrittlichsten Tiere weil fast schon echte Warmblüter, hatten sich über den gesamten Superkontinent Pangaea ausgebreitet.

Cynognathus, ein sehr interessantes säugetierähnliches Reptil mit Hundekopf und einem breiten, mächtig peitschenden Schwanz, besaß vermutlich als Erster ein Fell, konnte damit seine Körpertemperatur konstant halten und war also von der Außentemperatur relativ unabhängig. Diese Therapsiden hatten im Perm und am Beginn der Trias (vor 225–193 Millionen Jahren) Pangaea besiedelt, wo riesige Herden relativ kleiner (bis einen Meter langer) Pflanzenfresser vor allem an Flüssen und Binnenseen lebten. Gejagt wurden sie von den wenigen fleischfressenden Reptilien, die aber die Bestände kaum ernsthaft gefährden konnten.

Aber dieser relative Frieden war trügerisch. Das Zeitalter der Trias brachte auf der Erde einschneidende Veränderungen. Das Tethysmeer begann die bisher eng

zusammenliegenden Landmassive Laurasia mit Asien und Europa und Gondwanaland mit Afrika, Indien, der Antarktis und Australien auseinander zu drücken. Weiter im Westen trennten warme, flache Randmeere Europa und Afrika von Nordamerika. Selbst im Süden, wo bisher dicke Eisschichten das Land bedeckt hatten, schoben sich Wassermassen zwischen Südamerika, Afrika und die Antarktis. Jetzt konnten warme Meeresströmungen vordringen und in der Folge wurde das Klima milder. Statt der Therapsiden besiedelten die Archosaurier diese neuen Lebensräume am Rande der Meere. Sie waren zunächst noch relativ harmlose, einen bis zwei Meter lange Reptilien, die auch in Binnengewässern lebten. Dann folgten sie teilweise ihrer Beute, den Knochenfischen, in die neuen Meere. So jedenfalls stellen sich das einige Dinosaurierforscher vor, die darüber rätseln, woher die vielen Ichthyosaurier kamen, die in der Trias plötzlich die Meere bevölkerten. Knochenfunde beweisen eindeutig, dass diese Meeressaurier von landlebenden Reptilien abstammten, also von Tieren, die an und in Binnengewässern jagten.

Man nennt diese krokodilartigen Reptilien *Thecodontier,* übersetzt „Hülsen- oder Wurzelzähner", wegen ihrer langen, an den Rändern gesägten Zähne. Diese Tiere, die man für mögliche Vorfahren der Dinosaurier hält, waren zunächst mehr für ein Leben im Wasser ausgerüstet. Sie besaßen einen schweren, muskulösen Schwanz als Antrieb, einen knöchernen Schuppenpanzer und kräftige Hinterbeine, die bald deutlich größer waren als die Vorderbeine. Diese Paddel funktionierten am

besten, wenn sie nicht mehr seitlich aus den Ellenbogen heraus, sondern aus der Hüfte angetrieben wurden.

Vielleicht war es gerade diese Veränderung, die schließlich die Entscheidung zu Gunsten der Dinosaurier brachte. Als diese Reptilien dann später, wie schon einmal vor 125 Millionen Jahren die Amphibien, an Land zurückkehrten, konnten sie mit ihren längeren, gerade nach unten wachsenden Hintergliedern größere Schritte machen. Die meisten liefen zwar noch nicht auf zwei Beinen, aber sie konnten sich bereits aufrichten, wobei der lange Schwanz die Balance zu Hals und Kopf hielt. Sich aufzurichten war ein doppelter Vorteil: Man konnte weiter sehen, also Beute oder Feinde schneller entdecken und als Pflanzenfresser kam man an höhere Äste oder Palmwedel heran.

Der kleine, nur bis zu einen Meter lange *Euparkeria,* ein sogenannter *Pseudosuchier* („falsches Krokodil"), bewegte sich vermutlich noch auf vier Beinen. Manche Forscher nehmen allerdings an, dass dieser Dinosauriervorgänger auch schon kurze Sprints auf zwei Beinen einlegen konnte, um so gefährlichen Räubern wie dem fleischfressenden Cynognathus zu entkommen. Euparkeria oder das flinke Hasenkrokodil *(Lagosuchus)* – einer von beiden soll gemeinsamer Ahne aller (zumindest aller fleischfressenden) Dino-

Coelurus, ein flinker „Hohlknochen-Dinosaurier", macht Jagd auf ein rattengroßes Säugetier. Der aktive, nur zwei Meter große Räuber lebte in der späten Trias vor 200 Millionen Jahren.

saurier gewesen sein. Man hat das bis heute jedoch nicht endgültig nachweisen können.

Wichtig ist, dass es Funde von ganz verschiedenen fleischfressenden und vermutlich echten Dinosauriern aus der Zeit von vor 200 Millionen Jahren gibt: kleinere wie Euparkeria oder Lagosuchus und schließlich den fürchterlichen *Ornithosuchus* („Vogelkrokodil"), einen drei Meter langen Jäger mit scharfen, dolchartigen Zähnen. Deshalb nennt man auch die von ihm abstammenden Dinosaurier Carnosaurier oder Raubtierzahn-Dinosaurier. Sie waren kräftig und gefährlich, aber relativ plump und daher nicht allzu schnell.

Fast gleichzeitig entwickelten sich aber noch andere, ähnlich große Fleischfresser, die flinken Hohlknochen-Dinosaurier *(Coelurosaurier)*. Sie wogen nur halb soviel

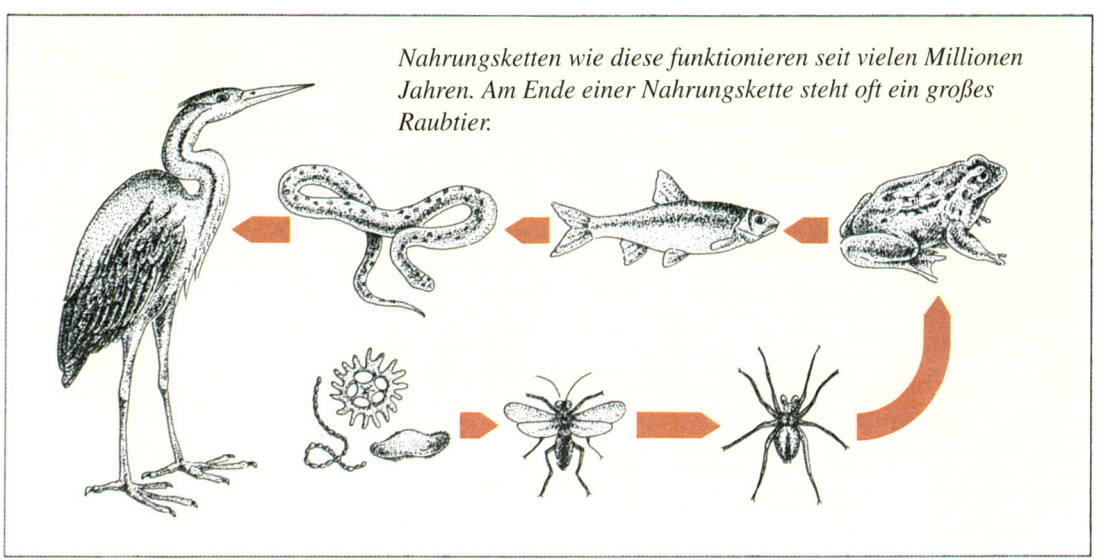

Nahrungsketten wie diese funktionieren seit vielen Millionen Jahren. Am Ende einer Nahrungskette steht oft ein großes Raubtier.

wie das gefräßige Vogelkrokodil, aber ihre Schnelligkeit machte sie für alle säugetierähnlichen Reptilien, wie überhaupt für alle Reptilien, die sich immer noch im breiten Kriechgang durch die Welt bewegten, zur großen Gefahr. Mit den langen Fingern ihrer Hände konnten sie kleinere Tiere sogar festhalten.

Vor 193 Millionen Jahren (gegen Ende der Trias) beherrschten die Dinosaurier jedenfalls die gesamte Erde. Von den Urreptilien überlebten nur gepanzerte Schildkröten und Krokodile, die sich in Flüsse und Seen zurückzogen.

Im Meer dominierten *Ichthyosaurier* und *Plesiosaurier,* während schon die ersten Flugsaurier von Baum zu Baum segelten oder von hohen Felsen herabflatterten. Aus den säugetierähnlichen Reptilien entwickelten sich rattengroße Säugetiere, die als Nachttiere in Höhlen überlebten, bis die räuberischen, immer größer und gefährlicher werdenden Dinosaurier ihre Herrschaft abgeben mussten.

Das Raubtierprinzip

Warum wurden Dinosaurier zu den schlimmsten Räubern der Erdgeschichte? Wenn man diese Frage beantworten will, sollte man besser gleich grundsätzlich fragen: Warum gibt es überhaupt Raubtiere?

Die Antwort ist ganz einfach und ernüchternd: Weil jedes Lebewesen Nahrung braucht. Auch der Pflanzenfresser vernichtet im Grunde Leben. Alle Tiere und sogar manche Pflanzen sind ihr Leben lang Jäger und Gejagte. Eine Welt ohne „Mord und Totschlag" ist gar nicht möglich.

Schon als die Erde eben eine Milliarde Jahre alt und organisches Leben gerade erst entstanden war, trat dieses Raubtierprinzip in Kraft. Ein Bakterium das bisher vegetarisch gelebt, also sein notwendiges Eiweiß durch normalen Stoffwechsel produziert hatte, ging einen leichteren Weg der Nahrungsaufnahme: Es saugte kurzerhand kleinere Bakterien aus.

Seitdem hat diese Nahrungskette weitreichende Folgen gehabt. Die Beutetiere schützten sich natürlich gegen ihre Feinde und diese passten sich wiederum den Schutzvorrichtungen an, um nicht zu verhungern. Schnelligkeit, Tarnung und Waffen waren die Hilfsmittel im Kampf ums Überleben. Jedes Beutetier versuchte, dem Räuber eine Nasenlänge voraus zu sein. Evolution ist Zug und Gegenzug. Fast jede Art, und sei sie ansonsten noch so friedlich, hat ihre Raubtiervertreter. Pflanzen, Pilze, Schnecken, Käfer – die Fähigkeit, zum Räuber zu werden, schlummert in jedem genetischen Material. Und immer wieder erfinden Jäger und Gejagte neue „Tricks". Die Entwicklungsgeschichte ist voller Änderungen und Anpassungen.

Wer sich nicht anpasst und weiterentwickelt, landet als Fossil auf dem „Abfallhaufen" der Naturgeschichte. So erging es schließlich auch den Dinosauriern. Aus der Gruppe der allesfressenden Saurier waren die fleischfressenden Tyrannosaurier hervorgegangen, die im Verhältnis mit ihren Beutetieren, den pflanzenfressenden Giganten, wuchsen, bis ihr Schädel mit dem fürchterlichen Dolchzahngebiss so groß war wie ein Kalb. Aber als am Ende der Kreidezeit durch Klimaveränderungen die Pflanzenwelt dezimiert wurde und die großen Beutetiere ausstarben, da gelang es den riesigen Raubtieren nicht mehr,

Möglicherweise mussten die riesigen Raubsaurier am Ende der Kreidezeit aussterben, weil sie nicht mehr genug Nahrung fanden. Ihre Beute, die großen Pflanzenfresser, gingen vermutlich ein, weil durch einen Klimawechsel die üppige Pflanzenwelt vernichtet wurde.

sich auf „kleinere Portionen" umzustellen, und sie starben aus. An ihre Stelle traten die rattengroßen Säugetiere und neue Nahrungsketten entstanden. Wieder entwickelten Jäger und Gejagte Angriffs- und Abwehrmöglichkeiten, passten sich aneinander an, und am Ende dieser langen Reihe entstand ein Raubaffe. Auch der Mensch kann heute seine Raubtiernatur nicht verleugnen ...

Vom Reptil zum Archosaurier

Als vor 245 Millionen Jahren das *Mesozoikum* (Zeitalter des mittleren Lebens) begann, gab es vier wichtige Reptiliengruppen. Sie wurden nach der Art ihrer Schädelknochen benannt, genauer gesagt nach der Zahl der Löcher, die hinter den Augen lagen. Diese Höhlungen haben Platz geschaffen für die immer stärker werdenden Kiefermuskeln der Fleischfresser.

Nur die *Anapsiden* (ohne Löcher) wirkten auch als Fossilien sichtbar friedlich. Zu ihnen gehörten zum Beispiel die Schildkröten.

Die *Synapsiden* (mit einem einzigen Loch) bildeten eine Gruppe säugetierähnlicher Reptilien, die etwa 70 Millionen Jahre lang die Erde beherrschten, bis sie von den Dinosauriern verdrängt wurden. Aus einigen kleinen Vertretern entwickelten sich dann die Säugetiere, die 140 Millionen Jahre im Schatten der Dinosaurier überlebten und erst vor 65 Millionen Jahren ihren Aufstieg begannen.

Die *Euryapsiden* verfügten ebenfalls über eine Öffnung in den Schädelknochen hinter den Augen, doch befand sich dieses Loch an einer anderen (etwas höheren) Stelle.

Die größte und für die Entstehung der Dinosaurier wichtigste Gruppe waren jedoch die *Diapsiden* (mit zwei Öffnungen hinter jedem Auge). Sie bildeten im Wesentlichen zwei Untergruppen: Zur einen gehörten Schlangen und Eidechsen, zur anderen die Archosaurier (herrschende Reptilien), aus denen sich alle Dinosaurier entwickelten.

Die direkten Vorfahren der Dinosaurier stammten aus der Gruppe der *Thecodontier* (Hülsenzähner), sie alle sind frühe Archosaurier. Es handelte sich um große vierbeinige Fleischfresser, deren Hinterbeine besonders kräftig waren. Außerdem saßen die Beine schon direkt unter dem Körper, so dass die Tiere schneller als andere Reptilien waren. Einige Unterarten konnten sogar schon aufrecht stehen. Bis zu drei Meter lange Räuber wie Avolanianus verdrängten schließlich die säugetierähnlichen Reptilien.

Anhand ihres unterschiedlichen Schädelbaus konnten vier verschiedene Typen von Reptilien festgestellt werden. Entscheidend bei der Einordnung ist die Zahl der Schädelöffnungen hinter den Augen.
Die Schädel der ersten Reptilien wiesen keine Öffnungen auf; sie werden als anapsid bezeichnet (1). Die säugetierähnlichen Reptilien bildeten synapside Schädel mit einer Öffnung heraus (2). Einen euryapsiden Schädelbau hatten etwa die ausgestorbenen Nothosaurier und Plesiosaurier (3). Sämtliche Dinosaurier, Flugsaurier und Krokodile sowie ihre Vorfahren, die Thecodontier, haben einen diapsiden Schädel mit zwei Öffnungen (4).

Die Entwicklung der Schädelformen
bei den Reptilien

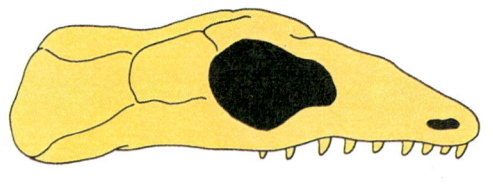 

1   Schildkröten haben einen anapsiden Schädel.

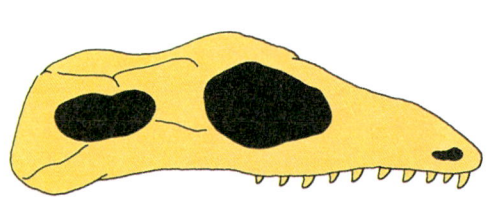 

2   Säugetierähnliche Reptilien wie der Cynognathus gehören zu den Synapsiden.

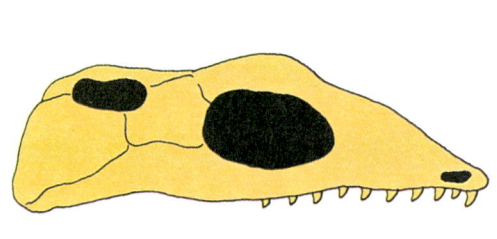 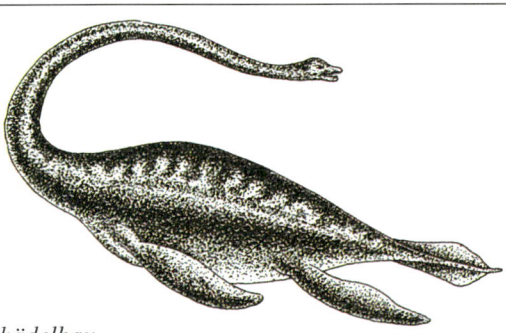

3   Plesiosaurier hatten einen euryapsiden Schädelbau.

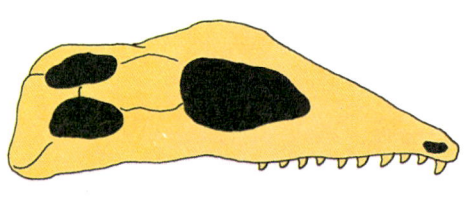 

4   Die große Gruppe der Diapsiden umfaßt auch die Krokodile.

Die ersten Pflanzenfresser

Gegen Ende der Trias und zu Beginn des Jura spitzte sich die Situation auf der Erde dramatisch zu. Ursache war nicht das Klima. An den Ufern der warmen Meere, Seen und Flüsse ließ es sich nicht schlecht leben und nur im Landesinneren breiteten sich unwirtliche Wüsten aus. Nein, diesmal lag es an der Nahrungskette.

Solange die räuberischen Fleischfresser, die sich gerade ausbreitenden Dinosaurier, genügend pflanzenfressende Reptilien gefunden hatten lebten sie üppig. Aber diese Herden wurden allmählich stark dezimiert und die Jagd gestaltete sich immer mühsamer. Manche der Raubtierzahn-Saurier, zum Beispiel der etwas schwerfällige Ornithosuchus, lebten vielleicht schließlich nur noch vom Aas. Wenn sie verendete Tiere fanden, konnten sie ihre Beute nämlich dank ihrer Kraft und ihrer fürchterlichen Zähne leicht gegen andere Räuber verteidigen. Einzig die flinken Hohlknochen-Dinosaurier waren wohl noch am ehesten in der Lage, die immer seltener werdenden Beutetiere aufzustöbern und zu erlegen.

Wie aber überlebten diejenigen Tiere, die weder schnell genug waren, die seltene Beute zu fangen, noch stark genug, sie dann auch zu verteidigen? Der Ausweg,

Ein räuberischer Dilophosaurus hat ein pflanzenfressendes Reptil erbeutet. Doch die Jagd wird immer schwieriger, weil die Beutetiere immer seltener werden.

den die Natur fand, ist verblüffend einfach. Sie stillten ihren Hunger mit Pflanzen, von denen es einen unerschöpflichen Vorrat auf der Erde gab. Diese Umstellung vollzog sich natürlich nicht von heute auf morgen, sondern phasenweise. Erst wurden vermutlich nur in Notzeiten pflanzliche Mahlzeiten eingeschoben. Dann, als der Magen die ungewohnte Kost vertrug und

verdauen konnte, setzte sich die bequeme Art der Nahrungsbeschaffung immer mehr durch.

Fossilfunde aus Deutschland und England belegen diese These. Eine „Echse mit Hülsenzähnen" *(Thecodontosaurus),* die damals lebte, ernährte sich nachweislich schon von Pflanzen, verschmähte allerdings auch kleinere Echsen oder Aas nicht, wenn es zufällig am Wege lag. Dieser Prosauropode war zwei bis drei Meter lang, besaß einen langen Hals und einen kleinen Kopf. Das Interessanteste an ihm aber waren die typischen Carnosaurier-Zähne, die nun nicht mehr

Lesothosaurus gehörte zu den ersten Dinosauriern, die sich überwiegend von pflanzlicher Kost ernährten. Er verschmähte aber auch kleine Echsen, Insekten oder Aas nicht.

so scharf und spitz, sondern eingekerbt waren. Damit konnte ein Thecodontosaurus weder größere Beutetiere reißen noch sich gegen Ornithosuchus oder Coelurosaurier verteidigen.

Allerdings waren diese dreieckigen Beinaheraubtierzähne auch noch nicht besonders dafür geeignet, Zweige von Nadelbäumen, Palmwedel oder Farne zu zerkleinern. Deshalb vermutet man, dass die Tiere Steine mitfraßen, die im Magen dabei halfen die Nahrung zu zermahlen. Möglicherweise entwickelten sich im Laufe der Jahrmillionen auch zusätzliche Mägen, etwa wie bei der Kuh, in denen Bakterien und Magensäfte für die Verdauung sorgten.

Aus manchen Knochenfunden schließt man, dass diese Mägen größtenteils im Raum vor den Hinterbeinen lagen. Bei gefülltem Magen war so das Körpergleichgewicht am besten gesichert, wenn das Tier auf vier Beinen stand.

Zahlreiche Fußabdrücke beweisen, dass die Prosauropoden tatsächlich überwiegend auf vier Beinen liefen. Sie konnten allerdings kurze Spurts auf zwei Beinen einlegen, vor allem auf der Flucht vor schnellen Fleischfressern. Sicherlich standen sie auch oft auf den Hinterbeinen um an Nahrung in hohen Baumwipfeln heranzukommen.

Und noch etwas zeigen die Fußspuren deutlich. Diese frühen Pflanzenfresser, aus denen sich später die größten Landtiere aller Zeiten, die Sauropoden, entwickelten, lernten zunehmend besser auf vier Beinen zu laufen. Denn beim Thecodontosaurus und seinem Vorfahren, dem Ticinosuchus, enden die Hinterbeine schon in fünf Zehen,

Die Pflanzenfresser liefen auf vier Beinen, konnten sich aber aufrichten um Baumkronen leer zu fressen.

wobei der kleine Zeh abgespreizt ist. Das erleichterte die Fortbewegung, stützte den Körper und hielt ihn im Gleichgewicht. Später rückte diese kleine Zehe dann immer dichter an die anderen Zehen heran oder bildete sich ganz zurück – ein sicheres Zeichen für größere Geschicklichkeit und behänderes Laufen.

Die Vorderfüße waren dagegen relativ kurz und schlank und endeten ebenfalls in fünf Fingern, oft mit einer scharfen, gebogenen Kralle als Daumen. Damit konnten die Sauropoden Wurzeln ausgraben, sich an den langen, nackten Baumstämmen festhalten, wenn sie Baumkronen leerfraßen oder sich mit schnellen Prankenhieben verteidigten.

Auf Dauer waren aber weder diese Krallenhände noch die immer flacher und stumpfer werdenden Zähne geeignete Waffen um sich gegenüber fleischfressen-

Mehrere Plateosaurier stellen sich im Kreis auf und schlagen mit ihren schweren Schwänzen auf die Staurikosaurier ein – eine wirksame Verteidigungswaffe gegen die flinken Räuber.

den Räubern zu verteidigen. Andere Taktiken mussten gefunden werden. Die Prosauropoden wie etwa Plateosaurus entdeckten, dass eine Herde sich besser verteidigen kann als ein einzelnes Tier. Plateosaurus war zwar doppelt so groß wie die größten Raubsaurier, hatte allein aber keine Chance zu überleben. Wenn dagegen acht oder zehn Tiere bei Gefahr einen Kreis bildeten und mit ihren schweren Schwänzen auf die Angreifer einschlugen, konnte denen schnell auch der größte Hunger vergehen.

Über das Herdenverhalten ist schon viel nachgedacht worden. Die Forscher haben sich immer wieder gefragt, was die Tiere eigentlich zwingt sich gegenseitig zu helfen. Es läuft ja nicht nur darauf hinaus, dass sie sich im Kreis aufstellen und gegenseitig den Rücken freihalten, sondern es wird sogar abwechselnd Wache gehalten und dabei ist die Gefahr für das einzelne Tier weitaus größer.

Als Antwort hat die Evolution ein einfaches Rechenexempel zu bieten: Bei einem Vogelschwarm von 100 Tieren wird jedes Mitglied theoretisch 99mal gewarnt, bevor es selbst einmal die gefährliche Rolle des Aufpassers übernehmen muss.

Davon einmal abgesehen, entwickelten die pflanzenfressenden Dinosaurier aber noch andere Möglichkeiten ihr Überleben zu sichern. Auch das Aussehen spielt beim Kampf ums Dasein eine große Rolle: Größe

beispielsweise imponiert und schreckt ab! Für die Prosauropoden bedeutete das, dass sie im Laufe der Zeit immer größer wurden.

Der Prosauropode *Plateosaurus* brachte es immerhin schon auf sechs bis acht

Meter Länge. Sein Schwanz peitschte bei Gefahr mächtig durch die Luft und auch die schweren Füße wurden zu Verteidigungswaffen. Sie konnten einen kleineren Angreifer leicht zerschmettern. Als schließlich das Zeitalter des Jura (vor 193 bis 136 Millionen Jahren) begann, hatte sich also die Nahrungskette wieder geschlossen und es gab zahlreiche pflanzenfressende Dinosaurier, die von einer kleinen Anzahl von Fleischfressern, den Carnosauriern, gejagt wurden.

Das Zeitalter der Giganten

In Europa herrscht tropische Hitze, täglich rauschen Wolkenbrüche auf die flachen, warmen Meere nieder, die den größten Teil dieses späteren Erdteils bedecken. Nur die Alpen, der Ural und die Spitzen einiger Mittelgebirge ragen als Inseln heraus. Deshalb wird man hier später aus dieser Zeit fast nur Fossilien von Meerestieren finden: Reste mächtiger Ichthyo- und Plesiosaurier, Krokodile, erste Haiarten und Rochen. Fast überall ist es feucht und warm auf der Erde und der Regen macht sogar Landstriche fruchtbar, die noch in der Trias von Wüste bedeckt waren.

Alle paar tausend Jahre bedrohen Katastrophen die Tier- und Pflanzenwelt. Erdbeben und Vulkanausbrüche finden als Folge der ständigen Kontinentalver-schiebungen statt. Der Atlantische Ozean, der Afrika von Nordamerika trennt, ist dabei schon entstanden. Auch Europa ist durch seine Flachmeere vom Norden des amerikanischen Kontinents und auch von Grönland abgeschnitten. Allerdings muss es zeitweilig noch Landbrücken gegeben haben, über die die Dinosaurier alle Erdteile erreichen konnten. Erst in der Kreidezeit nahmen die Kontinente dann bekanntlich ihre heutige Form an und auf den nun endgültig getrennten Landmassiven bildeten sich bei Tieren und Pflanzen Sonderformen aus.

So mag es vor 200 Millionen Jahren im heutigen Europa ausgesehen haben: Tropische Temperaturen und flache Meere bildeten ideale Lebensbedingungen für Wasserbewohner aller Art.

Das Zeitalter der Riesensaurier beginnt. Aus dem schützenden Dickicht beobachtet ein Leguan, wie sich eine Herde von Brachiosauriden den Weg durch den Ginkgowald bahnt.

Pflanzenfressende Kolosse

Auf einem rötlich schimmernden Sandstein sonnt sich eine Eidechse zwischen zwei Regenschauern. Dicht daneben windet sich eine Blindschleiche über den sandigen Boden. Hier hat sich der Fluss schon zurückgezogen, denn die tropischen Regengüsse lassen allmählich nach und das Hochwasser geht zurück. Raschelnd schiebt sich jetzt ein ausgewachsener Leguan durch die dichten Farne am Ufer. Missmutig starrt er zu den hohen Schachtelhalmen hinauf, auf die sich bunt schillernde Insekten vor ihm gerettet haben. Pfeifend taumelt eine Flugechse durch die Luft und klatscht ins Wasser. Vielleicht wurde sie von der Herde gewaltiger Sauropoden aufgeschreckt, die sich lautstark eine Schneise durch den Ginkgowald bahnen. Farne knicken unter den mächtigen Elefantenfüßen, und ein überlanger Hals

Brachiosaurus ist das größte und schwerste Landtier, von dem ein vollständiges Skelett existiert. Die Giganten der Urzeit wogen bis zu 100 Tonnen.

hebt den kleinen Kopf auch noch an zwölf Meter hohe Äste oder Palmwedel heran. Im Durchschnitt sind die erwachsenen Tiere der Gattung *Brachiosaurus* 25 Meter lang und wiegen bis zu 100 Tonnen. Auf vier mächtigen, säulenartigen Beinen stampfen sie zum Fluss, die Schwänze angehoben um Abstand zu halten. Die Jungen haben sie in ihre schützende Mitte genommen, wo sie kleinere Farne weiden.

Die Giganten der Jurazeit, die höher als zwei Giraffen und schwerer als 20 ausgewachsene Elefanten waren, haben erstaunlich kleine Köpfe, die mit knochigen Stützen am Hals befestigt sind. Die Kiefer mit einer Reihe spitzer Zähne können zwar Blätter und Äste abrupfen, aber noch nicht richtig kauen. Die Nahrung wandert zusammen mit fast faustgroßen Steinen in einen Muskelmagen, der die Blätter durchknetet und zerkleinert. Bakterien übernehmen dann die weitere Verdauung.

Bis heute streiten die Gelehrten erbittert darüber, ob diese riesigen Sauropoden an Land oder ausschließlich im Wasser gelebt haben. Eine Partei führt an, dass im Wasser das enorme Gewicht eine kleinere Rolle spielte. Auch Elefanten waren einst Wassertiere. Ihre gewaltige Größe (jedenfalls für heutige Verhältnisse) erreichten sie noch bevor sie wieder an Land zurückkehrten. Nach einer Theorie des englischen Biologen Sir Alister Hardy soll sogar der Mensch während einer aquatischen Entwicklungsphase an Meeresufern den entscheidenden Wachstumsschritt vom kleinen Baumaffen zum aufrecht gehenden Homo sapiens gemacht haben.

Wie auch immer: Manche Argumente sprechen tatsächlich für ein Leben im Wasser. Die extrem leichten Wirbelknochen der großen Sauropoden hätten zum Beispiel für Auftrieb gesorgt und durch die Anordnung der Nasenlöcher über den Augen hätten die Tiere leicht auf Tauchstation gehen können. Das Gebiss schließlich war im Prinzip besser für weiche Wasserpflanzen geeignet.

Heute neigen jedoch die meisten Dinosaurierforscher eher zu der These, dass die Sauropoden für ein Leben auf dem Lande geeignet waren. Auch hier hätten die vier Fußsäulen und die leichten Wirbel für Stabilität gesorgt. Und dass in Sauriermägen Tausende von abgeschliffenen Steinen gefunden wurden, spricht eher für eine Ernährung mit härteren Landpflanzen. Fossile Fußabdrücke, die man in großer Zahl gefunden hat, beweisen schließlich, dass sie in Herden wanderten.

Das heißt nicht, dass sie das Wasser scheuten. Vermutlich kühlten sie sich sogar regelmäßig in Flüssen und Sümpfen ab und entledigten sich im Schlamm ihrer Parasiten, wie das heute die Elefanten auch tun. Ins Wasser geflüchtet sind sie dagegen wohl kaum, denn ihre gefährlichsten Feinde, die großen fleischfressenden Raubdinosaurier, konnten ebenfalls gut schwimmen. Verteidigt haben sich die Brachiosauriden vor allem mit ihren kräftigen langen Schwänzen, die sie wie Peitschen benutzten. Wenn das nicht half, bäumten sie sich auf und ließen die etwas längeren Vorderfüße und das 100-Tonnen-Gewicht auf die kleineren Gegner niedersausen.

Der Ultrasaurus
wog 140 Tonnen

Aber der Brachiosaurus war nicht einmal der größte aller bisher gefundenen und wissenschaftlich untersuchten Dinosaurier. 1972 entdeckten Forscher Reste einer Superechse (Supersaurus), die eine Kopfhöhe von 16,5 Metern gehabt haben muss. Der Hals war schätzungsweise zwölf Meter lang mit bis zu eineinhalb Meter langen Wirbeln. Ein einziger Schulterknochen maß fast zweieinhalb Meter. Die Gesamtlänge betrug 25 bis 30 Meter!

Fast an der gleichen Stelle, wo Brachiosaurus und Supersaurus einst gelebt haben, nämlich im Westen Nordamerikas, fand man schließlich mit *Ultrasaurus* wohl den größten und längsten Dinosaurier aller Zeiten. Er muss noch näher untersucht werden. Fest steht aber inzwischen, dass er über 30 Meter lang war und fast 140 Tonnen schwer. Und im US-Bundesstaat New Mexico grub man vor wenigen Jahren sogar noch größere Knochen aus. Der vorläufig als *Seismosaurus* bezeichnete Pflanzenfresser soll eine beinahe unglaubliche Gesamtlänge von 35 bis 50 Metern erreicht haben. Die wissenschaftlichen Untersuchungen sind noch im Gange. Es wurden bis jetzt auch nur wenige Knochen ausgegraben: ein 2,4 Meter großes Schulterblatt beispielsweise und ein anderthalb Meter langer Wirbel. Die Forscher haben bislang noch nicht einmal klären können, ob der neue Fund den Brachiosauriden oder den Diplodociden zuzuordnen ist.

Alle Giganten lebten im späten Jura. Sind sie im Kreidezeitalter, als die meisten

Dinosaurier nach und nach verschwanden, vielleicht an ihrer Größe eingegangen? Brauchten sie zuviel Nahrung, oder waren sie durch ihre Masse zu unbeweglich geworden? Konnten sie ihre winzigen Jungen nicht versorgen? Es gibt noch keine Antworten auf diese Fragen.

Auffallend bei allen Riesenformen ist der kleine Kopf. Er war nicht größer als der eines Pferdes. Das Gehirn war sogar nur so groß wie bei einer Katze. Trotzdem gehen die Forscher heute nicht mehr davon aus, dass die Tiere träge und dumm waren. Das Leben in der Herde und

Der Sumpfbewohner Diplodocus – hier ein Weibchen mit ihrem Jungen – war leichter als die anderen Riesensaurier.

die lange Aufzucht der Jungen verlangten vielmehr eine gewisse Intelligenz.

Rätsel geben nach wie vor noch die Nasenöffnungen oberhalb der Augen auf. Früher wurde angenommen, die Riesen seien auf dem Grunde von Flüssen und Seen gelaufen, um sich zu verstecken. Nur der oberste Teil des Kopfes habe aus dem Wasser geschaut, wie bei einer Art U-Boot. Einfache Rechnungen beweisen jedoch, dass in 12 oder gar 16 Meter tiefen Gewässern die Lungen eingedrückt worden wären. Wozu dienten die Nasenöffnungen aber dann?

Eine seltsame Sonderform der Sauropoden hat sich im späten Jura mit den sogenannten Diplodociden ("Doppelbalken") entwickelt. Der Name stammt von den Schwanzknochen, die Fortsätze in Form von Balken nach vorn und nach hinten hatten. Viel interessanter als der Peitschenschwanz und der lange, schlangenartige Hals ist aber daneben die Tatsache, dass so ein Diplodocus zwar auch 28 Meter lang werden konnte, aber dabei nur zehn bis elf Tonnen wog. Das erreichten die Knochen des Rückgrats, denn sie waren hohl, und vermutlich gab es in den Knochen noch zusätzlich so etwas wie Luftsäcke um das Gewicht niedrig zu halten.

Das spricht nun wieder sehr dafür, dass die Tiere hauptsächlich durch große Sümpfe wateten und dort ihre Nahrung suchten – weiche Wasserpflanzen. Das scheint plausibel, weil sie nur im Vorderkiefer ein paar schwache, bleistiftartige Zähne besaßen. Dass die Tiere auch schwimmen konnten, zeigen ein paar im Schlamm erhaltene Fußabdrücke. Danach scheint sicher festzustehen, dass Diplodocus sich ähnlich wie heute die Flusspferde fortbewegte. Mit den Hinterfüßen stieß er sich mächtig im Wasser ab, während er nur mit den Vorderbeinen auf dem Grund aufsetzte. Die Eier allerdings legten die leichten Riesen an Land ab, und es gibt vor allem auf dem Gebiet der heutigen Vereinigten Staaten genügend Spuren, die auf solche Landwanderungen hindeuten.

Wie vielfältig die Formen sich im Jura entwickelten, beweist der Apatosaurus. Früher nannte man ihn Brontosaurus ("Donnerechse"), weil sich die Forscher, die seine Knochen fanden erschauernd vorstellten, wie die Erde einst gezittert haben muss, wenn diese Tiere, vielleicht auch noch in einer Herde, über das Land stampften.

Obwohl die Donnerechse alle Merkmale der Diplodociden hat, also doppelt verzahnte Schwanzknochen, einen sehr langen Hals und leichte Rückenmarkknochen, wog sie bei "nur" 21 Meter Länge doch 30 Tonnen. Sie war also kürzer als Diplodocus, aber dreimal schwerer. Aus welchem Grund hatte sie sich so entwickelt? War das größere Gewicht besser für die Verteidigung? Das werden wir wohl nie erfahren.

Relativ genau weiß man dafür, wie sich die riesigen Dinosaurier paarten. Sie hatten keine äußerlich sichtbaren Geschlechtsorgane, sondern mussten für die Befruchtung die Unterseiten ihrer Schwänze dicht aneinander pressen. Das Männchen hielt seine Partnerin dabei mit den Vorderfüßen fest, wozu wohl auch die Klauen an den Daumen dienten.

Die Entwicklung
der Vogelbeckensaurier

So muss man sich wohl eine Juralandschaft im heutigen Südengland vorstellen: Ein breiter Strom, der von Farnen, Palmen und Schachtelhalmen gesäumt ist, ergießt sich ins Flachmeer, das sich bis weit in die heutige Norddeutsche Tiefebene erstreckt. Jenseits der Uferwälder ziehen sich endlose Ebenen hin auf denen Bodenfarne, Pilze und kleine

Büsche wachsen. Mehrere Herden weiden dort friedlich. Fast am Horizont trotten ein paar riesige Sauropoden heran.

In einer Mulde, gut getarnt von Gestrüpp und ein paar Nadelbäumen, lauert ein Allosaurus, der so groß wie ein

Hungrig beobachtet ein Allosaurus eine Herde vorbeiziehender Fabrosaurier.

Omnibus ist, auf Beute. Mit seinen scharfen Klauen an den dreizehigen Füßen und seinem schrecklichen Gebiss könnte er gewaltige Verheerungen unter den Ornithischiern anrichten. Hungrig verfolgt er die Herde der kleinen, nur bis zu einen Meter großen Fabrosaurier mit den Augen. Sie ziehen gefährlich dicht an seinem Versteck vorüber. Weiter hinten weiden noch ein paar andere Leckerbissen, zwischen vier und sieben Meter große Camptosaurier, die bis zu einer halben Tonne wiegen. Das wäre für den Räuber schon eine richtige Mahlzeit.

Aber der Allosaurus bleibt regungslos liegen. Er weiß, dass er keine Chance hat an die schnellen Herdentiere heranzukommen. Sobald er sich blicken ließe, würden die kleinen Pflanzenfresser auf ihren langen, schlanken Hinterbeinen mit 50 oder 60 Stundenkilometern davonlaufen. Selbst mit einem *Iguanodon* („Leguanzahn") würde der Allosaurier nicht mitkommen, obgleich der mit seinen neun Metern Länge ebenfalls vier bis fünf Tonnen auf die Beine bringt.

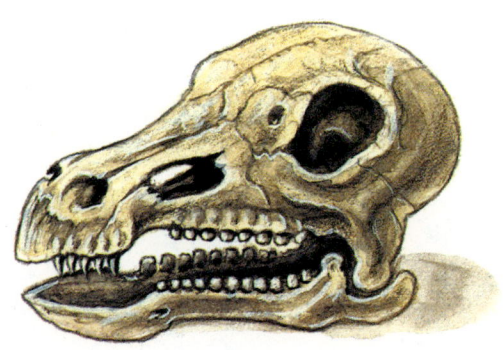

Lesothosaurus und Fabrosaurus verfügten über verschiedene Zahntypen, mit denen sie Pflanzen abbeißen und kauen konnten.

So werden sich wohl große Fleischfresser wie der Allosaurus (Länge elf Meter) auf kranke Tiere oder Einzelgänger konzentriert haben. Auch Aas konnten sie sicher mit ihren fürchterlichen Waffen gegen kleinere und schnellere Fleischfresser gut verteidigen. Da es sehr viel mehr Pflanzenfresser als Carnosaurier gab, funktionierte die Nahrungskette über viele Millionen Jahre.

Die Gazellen der Urzeit

Wie hat sich die große Zahl und Vielfalt der Vogelbecken-Dinosaurier entwickeln können? Besonders die kleinen, schlanken und schnellen *Hypsilophodontiden* gelten als Gazellen unter den Dinosauriern. Sie stammen alle von kleinen, sehr leichten Fabrosauriden mit hohlen Beinknochen und langen Schwänzen ab, die in Europa, Südafrika und Nordamerika lebten. Vor allem beim Fabrosaurus und Lesothosaurus findet man im Knochenbau schon viele Ansätze, die sich später bei fortgeschritteneren Tierarten weiterentwickelten und sehr bewährten. Da sind etwa die langen Beine zu nennen, die *Lesothosaurus* zu einem Rennläufer machten, des Weiteren ein langer Schwanz, der den Körper beim Lauf auf zwei Beinen ausbalancierte, und verschiedene Zahntypen, mit denen die Tiere nicht nur Blätter und Zweige abbeißen, sondern zunehmend auch kauen konnten. Neben spitzen Vorderzähnen und einem - bei vielen Arten vorhandenen – scharfen Hornschnabel wuchsen breitere Backenzähne, die wie gezackte Pfeilspitzen

Hypsilophodon lief auf zwei Beinen und erreichte dabei hohe Geschwindigkeiten.

aussahen. Manche Fabrosauriden besaßen auch schon Backentaschen, in denen ein Vorrat an Blättern lagern konnte.

Die 1981 zum ersten Mal beschriebene Kleinschildechse *(Scutellosaurus)* deutet sogar schon auf die besonders auffälligen *Stegosaurier* hin, vierbeinige Ornithischier mit sehr formenreichen Panzerungen. Scutellosaurus ist der einzige bekannte Fabrosaurus mit Panzerung, seinen Rücken schützten Hunderte kleiner Knochenplatten. Ein weiterer Fortschritt zeigt sich beim *Heterodontosaurus* („Echse mit den unterschiedlichen Zähnen").

Wie der Name schon sagt, hatten die etwas mehr als einen Meter großen Tiere eng beieinanderstehende Backenzähne mit kleinen Erhöhungen, die nicht nur auf und ab, sondern sogar schon seitlich mahlen konnten. Am Vorderkiefer standen zwei hauerartige, scharfe Fangzähne vor.

Bei den bereits erwähnten Hypsilophodontiden waren alle diese neuen Entwicklungen bereits ausgereift. Die wichtigen, für die Pflanzenfresser so typischen Backenzähne mit den Erhöhungen, die das Kauen erleichterten, gaben der Familie sogar den Namen „Zähne mit Erhöhungen". Die meisten Tiere waren zwischen einen und drei Meter groß und besaßen lange, bewegliche Beine. Oft waren die Schienbeine länger als die Oberschenkel.

Die fünffingrigen Vorderfüße hatten sich schon zurückgebildet. Manchmal konnten sie noch zum Laufen benutzt werden, öfter aber nur noch zum Abstützen oder Zugreifen beim Fressen oder Paaren. Nur Dryosaurus („Eichenechse") erreichte als einer der größten Hypsilophodontiden mehr als vier Meter Größe. Über 100 Millionen Jahre lang hielten sich diese schnellen Renner und gelten damit als die vielleicht erfolgreichste Dinosaurierfamilie überhaupt.

Wie die Riesensaurier kauen lernten

Wie bei einer Giraffe schießt die lange, elastische Zunge vor, umschlingt den Ast mit saftigen grünen Blättern und zieht ihn in den flachen Schädel hinein. Schon klappt der hornartige Schnabel zu und trennt den Eibenast mit einem Biss ab. Der Kiefer beginnt zu mahlen. Zufrieden lässt sich der fünf Meter lange Camptosaurus, der sich vor der Eibe aufgerichtet hatte, wieder auf seine vier Beine nieder und kaut minutenlang.

Was so einfach und für uns ganz selbstverständlich klingt, war weder leicht zu rekonstruieren, noch war es vor allem für Dinosaurier damals selbstverständlich. Reptilien und auch viele frühe Saurier kauten ihre Nahrung nicht, sondern schlangen sie einfach unzerkleinert

Mit seiner langen, dünnen Zunge zieht der Camptosaurus saftig-grünes Blattwerk in seinen Mund hinein.

herunter. Fleischstücke oder Pflanzen wurden erst im Muskelmagen, oft mit Hilfe von scharfen Steinen, durchgeknetet und allmählich zerlegt. Die Forscher schließen das aus einer breiten Rinne im Unterkiefer der Camptosauriden (wie auch bei den später beschriebenen Iguanodontiden), die einen Durchlass für eine lange, lassoartige Zunge bietet.

Revolutionär ist noch eine andere Entwicklung, die auf den ersten Blick gar nicht auffiel: Die Saurier hatten eine Art Backentasche, so dass sie mehr Nahrung ins Maul nehmen konnten, als sie im Augenblick kauen oder herunterschlucken wollten. Mit den weichen, elastischen Wänden dieser Backen schoben die Camptosaurier ihre Nahrung bei Bedarf immer wieder

Viele Pflanzenfresser entwickelten Backentaschen und nahmen mehr Nahrung ins Maul, als sie auf einmal kauen konnten.

zwischen die Mahlzähne. Allerdings trat bei dieser fortschrittlichen Art zu fressen auch ein Problem auf. Wer seine Nahrung lange im Maul behält, muss gleichzeitig kauen, schlucken und atmen können. Das ist aber gar nicht so einfach.

Wohl jeder Mensch hat sich schon einmal „verschluckt", das heißt, er hat überhastet gleichzeitig geschluckt und geatmet und winzige Teile einer Flüssigkeit oder Nahrung in die „falsche Kehle" bekommen. Hustenanfälle sind dann' die Folge. Im Prinzip darf das bei uns nicht passieren, weil Mund- und Nasenhöhle voneinander getrennt sind.

Bei Reptilien und vielen Dinosauriern war das jedoch noch nicht der Fall. Erst die Camptosaurier entwickelten einen harten Gaumen und trennten Mund- und Nasenraum mit einer harten Knochenplatte.

Wie wir schon öfter gesehen haben, war auch diese Verbesserung nicht neu. Die säugetierähnlichen Reptilien hatten schon 60 Millionen Jahre früher einen ähnlichen harten Gaumen „erfunden". Aber sie starben später aus, als die schrecklichen fleischfressenden Dinosaurier auf der Bildfläche erschienen.

Bei den echten, noch sehr kleinen Säugetieren entstand dann diese Mund- und Nasenraumtrennung fast gleichzeitig mit den Camptosauriern, als lägen entsprechende Entwicklungen quasi in der Luft.

Von zahlreichen Fußabdrücken wissen wir auch etwas über die Fortbewegungsart der Camptosauriden. Sie gingen meistens auf den Hinterbeinen, beim Abweiden höherer Bäume zum Beispiel, bei längeren Wanderungen oder natürlich auf der Flucht vor Carnosauriern. Da sie aber Hufe an Vorder- und Hinterbeinen hatten, müssen sie zumindest zeitweise, vielleicht beim genüsslichen Kauen, auch auf allen vieren gegangen sein.

Falsch rekonstruiert sind die lebensgroßen Iguanodons, die der englische Bildhauer Benjamin Waterhouse Hawkins modellierte. Die plumpen Gipssaurier stehen im Crystal Palace Park in London.

Leguanzähne und Wüstensegel

Von nur wenigen Dinosauriern weiß man so viel wie von den Iguanodons. Das liegt an der Katastrophe, die wir schon beschrieben haben. Irgendwann in der Kreidezeit (vor 136 bis 65 Millionen Jahren) stürzten 31 dieser tonnenschweren Tiere in eine tiefe Schlucht. Bergleute stießen dann 1878 auf die vollständigen Skelette und brachten sie aus einem Schacht 322 Meter unter Tage ans Licht.

Die Forscher hatten schon 1822, als man noch fast nichts über die Urzeitriesen wusste, einen Zahn und einige Knochen gefunden. Den Zahn schrieb man einem riesigen Leguan zu (daher Iguanodon = Leguanzahn), aus den wenigen Knochen

rekonstruierten die Experten rechtzeitig zur Weltausstellung 1851 in London einen riesigen, plumpen Körper, dessen Kopf einen stumpfsinnigen Ausdruck hatte und oben auf der Nase von einem riesigen Horn gekrönt war.

Dies ist falsch, wie wir seit 1878 wissen. Die bis zu zehn Meter langen, aufgerichtet fünf Meter hohen Pflanzenfresser wogen zwar vier bis fünf Tonnen, aber sie waren trotzdem ganz behände und konnten auf zwei Beinen vielleicht sogar schneller laufen als ein Elefant.

Ihre Hinterbeine wirken allerdings lang und schwer, und die drei klauenartigen Zehen daran waren sicher keine schlechte

Waffe gegen kleinere Raubsaurier. Auch der mächtige Schwanz hat Fleischfresser davon abgehalten, eine Herde anzugreifen. An den kürzeren Vorderbeinen fällt besonders eine scharfe Hornklaue auf – das irrtümlich auf die Nase gesetzte Horn der ersten Rekonstruktion –, mit der das Tier im Nahkampf zuschlagen, Baumrinde abschälen oder das kleinere Weibchen bei der Begattung festhalten konnte. Die übrigen Finger endeten in kleinen Hufen, ein Hinweis darauf, dass die Iguanodontiden auch auf vier Beinen laufen konnten. Diese größte Art aller Iguanodontiden war fast über die ganze Welt verbreitet; die Herden wanderten vorwiegend durch sumpfiges Gelände.

Der Erfolg der „Leguanzähne" bietet vielleicht auch die Lösung für andere Fragen. Warum begannen so erfolgreiche und anscheinend perfekt an ihre Umwelt angepasste Tiere wie die Hypsilophodontiden, die wir als „Gazellen" bezeichnet haben, plötzlich zu wachsen? So perfekt waren sie eben doch nicht, denn als relativ kleine Tiere waren sie wechselwarm. Um aktiv und schnell zu sein, brauchten sie daher Sonne oder zumindest viel Wärme. Nachts oder in kühleren Jahreszeiten nahm die Aktivität ab, und sie wurden verletzbar. Für einen Kachelofeneffekt waren sie nämlich zu klein.

Ganz anders dagegen die Iguanodontiden: Sie konnten, dank ihrer Körpermasse, immer so viel Wärme speichern, dass sie nahezu warmblütig wurden, also eine konstante Temperatur hielten. Doch mit vier oder fünf Tonnen Gewicht kann man schnellen Fleischfressern nicht mehr davonlaufen. Neue Waffen müssen ent-

stehen. Also nutzten sie das Gewicht anders aus: Hinterbeine und Schwänze wurden zu Hammer und Peitsche.

Letztlich waren also beide Arten von Ornithopoden erfolgreich. Die Natur ist eben sozusagen immer auf der Suche nach neuen Überlebensmodellen. Sie probiert aus. Ungeeignetes geht unter, Erfolgreiches überlebt.

Ein naher Verwandter von Iguanodon, der *Ouranosaurus* („tapfere Waranenechse"), löste Probleme mit der Umwelt auf seine eigene, ganz besonders spektakuläre Weise. Er lebte in Nordafrika, im Gebiet der heutigen Sahara. Damals gab es dort zwar Vegetation, es war aber ebenso heiß wie heute. Wie Ouranosaurus mit der Hitze fertig wurde belegt sein Skelett, das in den siebziger Jahren in der Sahara gefunden wurde. An der Wirbelsäule entdeckten die Forscher nämlich blattähnliche Knochenfortsätze. Bisher haben sie dafür nur eine Erklärung gefunden: Vermutlich spannte sich über den ganzen Rücken bis hinunter zur Schwanzspitze ein schmales Rückensegel, das einerseits zur schnellen Erwärmung nach kühlen Nächten diente (wenn die Wärmespeicherung trotz der Länge von sieben Meter nicht ausreichte).

Andererseits – und das war wahrscheinlich wichtiger – wirkte der stark durchblutete Haut- und Knochenkamm als Kühlrippe. Nur so konnte das Tier an heißen Tagen schnell laufen, also zum Beispiel flüchten ohne einen Hitzschlag zu bekommen.

Im gleichen Gebiet lebte ebenfalls ein großer Fleischfresser, der genau das gleiche Organ entwickelt hatte. *Spinosau-*

Wie beim Dimetrodon, diente das Rückensegel des Spinosaurus zur Temperaturregelung.

rus („Stachelechse"), ca. zwölf Meter lang und etwa sechs Tonnen schwer, hatte bis zu 1,8 Meter hohe, klingenartige Knochenstacheln, zwischen denen sich wohl auch ein Hautsegel spannte. Der Räuber sah übrigens genauso aus wie der Säugetiervorläufer Dimetrodon, nur war er viel größer. Zu Zeiten von Spinosaurus und Ouranosaurus war Dimetrodon aber schon zig Millionen Jahre ausgestorben.

Die Dinosaurier mit den Entenschnäbeln

Der kleinste war gut drei Meter lang und nicht einmal halb so hoch wie ein erwachsener Mensch, der größte mag 15 Meter erreicht haben. Aufgerichtet hätte er über ein Einfamilienhaus schauen können. Die *Hadrosaurier* oder *Entenschnabelechsen* gehörten zu den erfolgreichsten Dinosauriern der Kreidezeit, die mehr als 50 Millionen Jahre fast alle Erdteile besiedelten und eine Fülle von Formen und Besonderheiten hervorbrachten.

Der älteste Fund, den man Batractosaurus nannte, stammt aus der Mongolei. Dann kann man an der Reihenfolge der weiteren, nach dem Alter geordneten Funde ablesen, wie die Entenschnäbel die Welt eroberten: Mongolei, Ostasien mit China, Laos und der Halbinsel Sachalin, dann Kasachstan, Usbekistan, Europa und schließlich Nord- und Südamerika.

Alle wichtigen Merkmale der Hadrosauriden waren im Prinzip schon beim ältesten Vertreter Batractosaurus vorhanden. Das waren ein sehr biegsamer Hals, der steife, breite, abgeflachte Schwanz und im Kiefer Tausende von Mahlzähnen, die in dichten Reihen standen und auch härteste Zweige zerkleinern konnten. Außer-

dem kamen noch die langen Beine mit drei Zehen hinzu, zwischen den Fingern der Vorderarme befanden sich zum Teil Schwimmhäute, während andere Finger in Hufen endeten.

Aber der Reihe nach: Ihren Namen erhielten die Hadrosaurier nach dem vorne verbreiterten und abgeplatteten Kiefer, der einem Entenschnabel ähnelt. Ganz vorn sitzt dann wie bei allen Ornithopoden der Hornschnabel. Aufsehen unter den Fachleuten erregte das Gebiss aller Entenschnabelechsen. Man fand nämlich in den Kiefern bis zu 2000 Zähne, die offenbar nicht nur die übliche Kost der Jura- und Kreidezeit, sondern auch die zarten, neu entstandenen Blütenpflanzen hervorragend zermahlen konnten. Nutzten sich die Zähne ab, saßen unter den dichten Reihen bereits neue – klein, aber kantig.

Echte Rätsel gaben dann mumifizierte Funde auf, die Schwimmhäute zwischen einigen Fingern zeigten, während zwei der Finger – und zwar die langen – in kleinen Hufen endeten. Handelte es sich um einen Land-Wasser-Zwitter?

Bis heute streiten die Gelehrten über die Lebensweise der Hadrosaurier. Gegen die Annahme, dass sie überwiegend im Wasser lebten, spricht die Tatsache, dass man in den Mägen fast ausschließlich Landpflanzen fand. Flüchteten sie vielleicht vor großen Fleischfressern ins

Corythosaurus war ein großer Entenschnabeldinosaurier, der vor 70 Millionen Jahren lebte. Auffällig war der halbkreisförmige, 30 Zentimeter hohe Kamm auf dem Kopf, der von einem feinen Röhrensystem durchzogen war.

Wasser? Manche Forscher halten es eher für möglich, dass sie in undurchdringlichen Wäldern untertauchten. Davon gab es in der Kreidezeit genügend. Aber auch in diesen Zweifelsfällen gibt es schließlich passende Theorien: Hadrosaurier legten ihre Eier in Wasser- oder Sumpfnähe ab. Nach dem Ausbrüten wurden die Jungen noch längere Zeit von den Eltern beschützt und ernährt, bei Gefahr flüchteten sie ins Wasser. Auch wenn sie schon auf eigenen Füßen stehen konnten, blieben sie dennoch in dieser relativ sicheren Umgebung und ernährten sich von weichen Wasserpflanzen. Erst später, wenn die Zahnreihen voll entwickelt waren, wechselten sie dann endgültig in die Weidegebiete der Eltern über.

Als „Beweis" für diese These wird angeführt, dass man nie Skelette junger Hadrosaurier neben denen ausgewachsener Tiere gefunden hat. Also bewohnten die Jungen wohl einen anderen Lebensraum. Zugegeben – dieser Beweis steht noch auf wackligen Dinosaurierfüßen!

Es ist und bleibt eben schwierig, von Skeletten und anderen Fossilien auf das Innenleben zu schließen. Das wird besonders bei einer anderen Frage deutlich.

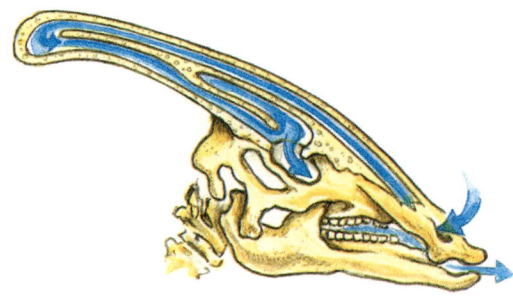

Vielleicht konnte der Hadrosaurier Parasaurolophus in den Hohlräumen seines langgezogenen Knochenkammes Töne erzeugen.

Warum konnten sich gerade die Hadrosaurier so erfolgreich verbreiten und so lange auf der Erde halten? Auf den ersten Blick erscheinen sie wehrlos, vor allem im Vergleich zu den Raubsauriern der Kreidezeit. Sie besaßen nämlich weder klauenbewehrte Beine noch spitze Hörner oder Panzerungen.

Doch dafür hatten die Hadrosaurier phantastische Sinnesorgane. Sie sahen, hörten und rochen ausgezeichnet. Die Augen hatten eine Größe von bis zu zehn Zentimetern und ermöglichten einen enormen „Weitwinkelblick". Auch der Sehnerv scheint äußerst leistungsstark gewesen zu sein. Man hat auch den Schädel eines Corythosaurus gefunden, eines Hadrosauriers, der bis zu neun Meter lang werden konnte. Das erhaltene Gehörknöchelchen war fünf Zentimeter lang und an der dicksten Stelle zweieinhalb Millimeter stark. Das lässt auf eine enorme Schwingungsempfindlichkeit schließen.

Davon abgesehen wuchsen auf den Köpfen der meisten Hadrosaurierarten abenteuerliche Knochenkämme, die Auswüchse von Kiefer- und Nasenknochen darstellten. Manchmal wurden sie zu massiven Stacheln, bei anderen Tieren war der Kamm schließlich größer als der ganze Schädel. Der maximale Abstand zwischen Schnauze und Kammspitze betrug zwei Meter. Viele dieser Kämme waren hohl und manche Forscher gehen heute davon aus, dass sie von komplizierten Nasengängen durchzogen waren. Diese sollen mit weichem Gewebe ausgepolstert gewesen sein und empfindliche Riechmembranen enthalten haben. Aufgrund von Abgüssen der meist sehr gut

erhaltenen Schädel konnte man auch das Gehirn in allen Einzelheiten rekonstruieren. Es zeigte sich, dass das Riechzentrum ohne weiteres mit diesen Riechzellen in Verbindung gestanden haben kann. Es ist also sehr gut möglich, dass die Hadrosaurier einen ausgezeichneten Geruchssinn hatten.

Sie konnten also gefährliche Raubtiere schon von weitem wittern, sehen oder hören und sich lange, bevor sie selbst entdeckt wurden, in Sicherheit bringen. Das wurde sicher dadurch erleichtert, dass die Entenschnabelechsen in Herden lebten, also abwechselnd Wache halten und sich gegenseitig warnen konnten. Möglich, dass sie dabei sogar bestimmte Signale ausstießen. Man weiß zwar nicht, welche Töne sie erzeugten, aber ein paar

Die Knochenkämme der Lambeosaurier enthielten empfindliche Riechorgane. Feinde konnten frühzeitig wahrgenommen werden.

logische Überlegungen und Beobachtungen führen weiter. Die einzigen heute lebenden Reptilien, die Töne erzeugen, sind nämlich die Krokodile und sie können während der Paarungszeit durchaus ziemlich laut werden. Da Hadrosaurier viel höher entwickelt waren, liegt es nahe, dass sie ebenfalls nicht stumm waren, sei es bei der Paarung oder in Gefahr. Möglicherweise wurden die Luftkanäle in den Kämmen dabei sogar als Verstärker benutzt, und die hohlen Knochen klangen dann ähnlich wie Jagdhörner.

Die Kämpfe der Dickschädel

Ihr Gehirn war zwar nur etwa so groß wie ein Ei, aber geschützt haben sie es mit bis zu 25 Zentimeter dicken Knochen. Die Knochenschädel *(Pachycephalosauriden)* waren sehr seltsame Zweibeiner, die fast während der gesamten Kreidezeit lebten. Mit ihren Dickschädeln konnten sie sich kaum gegen Fleischfresser verteidigen, aber zur Not wichen sie in unwegsame Gebirgsgegenden aus, wohin ihnen die Carnosaurier nicht folgten. Vielleicht waren die Knochenschädel so etwas wie die Gämsen oder Bergziegen unter den Dinosauriern. Die männlichen Tiere führten sich vermutlich wie Ziegenböcke auf, wenn es um die Führung in der Herde und um die Verteilung der Weibchen ging. Mit gesenkten Köpfen rasten sie aufeinander los und donnerten mit den dicken Schädeln gegeneinander.

Verletzungen waren dabei trotzdem selten, denn es ging nur um die Rangordnung. Der Unterlegene unterwarf sich, ordnete sich ein oder verschwand. Die Weibchen besaßen vermutlich weniger massive Schädel.

Alle Arten der Knochenschädel stammen von einem hühnergroßen Vorfahren ab, der auf der Insel Wight lebte. Entsprechend blieb die kleinste Art ebenso gross, während die größten Echsen unter ihnen, zum Beispiel der *Pachycephalosaurus,* fast fünf Meter lang wurden. Oft bedeckten die Köpfe noch kleine Höcker.

Kampf über dem Abgrund: Zwei „Dickkopfechsen" sind mit gesenkten Köpfen aufeinander losgegangen. Die Schädeldecke der Pachycephalosaurier wurde bis zu 25 Zentimeter dick.

Die Panzer der Urwelt

Von weitem sieht es so aus, als sei er für mindestens zehn Reiter gesattelt: Vom muskulösen Hals abwärts ist Stegosaurus über den ganzen Körper paarweise mit dicken, schweren Knochenplatten gepanzert. Am Hals sind sie noch relativ schmal, erreichen dann aber über dem Rücken einen Durchmesser von einem Meter und verkleinern sich dann wieder im gleichen Verhältnis, wie der lange Schwanz dünner wird. An dessen Spitze, wo er beim peitschenartigen Zuschlagen angreifende Fleischfresser trifft, ragen vier Hörner heraus. Diese langen, schlanken und sehr spitzen Stachelpaare müssen Feinden fürchterliche Wunden zugefügt haben.

Stegosaurus („Dachechse") gehörte zu den vierbeinigen Ornithischiern. Er ernährte sich von Pflanzen, und seine Hüftknochen waren ebenso angeordnet wie bei Vögeln. Es spricht für die Wandlungs- und Anpassungsfähigkeit des „Systems" Dinosaurier, dass es neben den zweibeinigen Vogelbeckensauriern so viele, oft grotesk aussehende, gepanzerte Vierbeiner entwickeln konnte.

Im Sinne der Evolution ist das durchaus logisch. Während die Hypsilodontiden als

Gegen Angreifer wie den riesenhaften Allosaurus kann sich der gepanzerte Stegosaurier bestens zur Wehr setzen: Aufrecht stehende, bis zu 70 Zentimeter hohe Knochenplatten schützen den Leib und der stachelbewehrte Schwanz ist eine gefährliche Waffe.

„Gazellen" ihren Feinden auf und davonliefen und die großen Iguanodons mit der ganzen Herde gleichsam „Wagenburgen" bauten, um die Carnosaurier mit einem Ringwall von schweren, peitschenden Schwänzen zu empfangen, konnten die vierbeinigen Ornithischier keine von beiden Verteidigungsmöglichkeiten wählen. Zum Weglaufen waren sie zu groß und zu plump. Für fortgeschrittenes Herdenverhalten fehlte dagegen die Intelligenz: Der neun Meter lange Stegosaurus mit seinen knapp zwei Tonnen Gewicht hatte gerade ein walnussgroßes Gehirn. Auch mit so hochsensiblen Sinnesorganen, wie sie die Entenschnabel-Dinosaurier besaßen, waren die trägen Vierbeiner nicht ausgestattet.

Die Vierbeiner, zu denen außer den Stegosauriern noch die *Ankylosaurier* und die Hornsaurier *(Ceratopsier)* gehören begannen sich auf andere Weise zu schützen. Bei so gut wie allen Reptilien, die vor den Dinosauriern lebten, bestand die Haut aus „Schuppen", also kleinen verknöcherten Platten. Bei vielen Sauriern und vor allem bei den Säugetieren verschwanden mit der Zeit diese unempfindlichen Panzer. Die vierbeinigen Ornithischier dagegen entwickelten sie weiter und kompensierten damit fehlende Schnelligkeit und Intelligenz.

Die ersten Vorfahren der Stegosaurier, sogenannte Gliederechsen *(Scelidosau-*

ride), lebten schon im frühen Jura, also vor rund 190 Millionen Jahren. Die schweren, fast noch krokodilähnlichen Tiere wurden drei bis vier Meter lang. Sieben Reihen von Knochenhöckern und Stacheln schützten Schwanz und Rücken. Fundstellen lagen in Südengland, Portugal und Tibet.

Die Stegosaurier teilten sich dann später in zwei Hauptgruppen. Die eine

Scelidosaurus war ein Vorfahre der Stegosaurier und zugleich einer der ältesten Dinosaurier aus der Gruppe der Ornithischier. Er wurde bis zu vier Meter lang. Im Vergleich dazu waren Kopf und Gehirn winzig.

schützte sich überwiegend mit Knochenplatten, die andere mehr mit Stacheln. Die meisten Arten wurden im Verlaufe des Jura immer größer. Eine der seltsamsten und stachligsten war der in Tansania entdeckte *Kentrosaurus* („spitze Echse"). Dieser 4,5 Meter lange Verwandte von Stegosaurus hatte an Hals und Schultern dreieckige Platten, die vermutlich aufrecht standen.

Spitze Stacheln ragten aus Rücken und Schwanz. Kentrosaurus bediente sich also, wie sein Vorgänger Scelidosaurus, beider Verteidigungsarten. Auch von *Stegosaurus,* dem größten Exemplar dieser Art, nahmen die Forscher lange Zeit an, dass seine spitz zulaufenden Platten (die größten maßen immerhin 76 mal 78,5 Zentimeter) aufrecht gestanden

Manche Wissenschaftler gehen davon aus, dass die riesigen Panzerplatten des Stegosaurus zur Seite gerichtet waren um den massiven Körper zu schützen.

hätten. Diese Vorstellungen hielten sie in zahlreichen Zeichnungen fest. Inzwischen hat sich das Bild, zumindest bei einem Teil der Gelehrten, gewandelt: Angeblich ist es einleuchtender, wenn man sich die Platten als zur Seite gerichtet vorstellt, da dadurch auch die Flanken der Tiere geschützt waren. Doch auch das ist nur eine Vermutung. Die Mehrheit der Wissenschaftler geht davon aus, dass bei Stegosaurus zwei Reihen großer, oben spitz zulaufender Knochenplatten vom Rücken senkrecht nach oben standen. Hier könnten die Platten zudem zur Temperaturregulierung gedient haben – ähnlich wie beim Dimetrodon.

Von einer anderen Theorie mussten die Forscher allerdings wohl endgültig Abstand nehmen. Der geheimnisvolle Hohlraum an der Basis der Wirbelsäule enthielt doch kein zweites Gehirn, wie ursprünglich vermutet. Heute denkt man mehr an eine Drüse, wie sie auch die Vögel haben. Diese *Glykogendrüse* soll dem Stegosaurus in Gefahrensituationen einen zusätzlichen Energieschub gegeben haben, der vor allem die riesigen Muskeln der Hinterbeine in Bewegung setzte. Da die Stegosauriden in der Jurazeit in riesigen versumpften Gebieten Afrikas, Europas und Nordamerikas lebten, die auch von fleischfressenden Carnosauriern wie Allosaurus oder Ceratosaurus bevölkert wurden, waren diese Hilfseinrichtungen sicher durchaus nötig.

Die gigantischen Sauropoden, also Elefantenbein-Dinosaurier wie der Brachiosaurus, die ebenfalls dort lebten, waren übrigens keine Konkurrenz, denn die Nahrungsreserven für Pflanzenfresser dürften damals unerschöpflich gewesen sein.

Mit Stacheln und Hörnern

Zu Beginn der Kreidezeit mussten sich die Raubsaurier regelrecht an den Panzerdinosauriern *(Ankylosauriern)* die Zähne ausbeißen. Diese Art begnügte sich nämlich nicht mit einzelnen Platten und Stacheln, sondern viele von ihnen besaßen richtige zusammenhängende Panzer, wie bei den großen Schildkröten. So geschützt, konnten sie es sich leisten, auf andere Waffen zu verzichten. Ihre Zähne waren daher eher klein und die Kiefer schwach. Vermutlich ernährten sie sich von weichen, niedrigwachsenden Pflanzen, eventuell auch von Insekten.

Die schweren, untersetzten Körper mit kurzen, aber kräftigen Beinen wirken auf den Betrachter meistens wie eine

Ein Ankylosaurier wehrt sich mit seinem Keulenschwanz gegen einen Megalosaurus.

Mischung aus Krokodil und Schildkröte. Dabei zeigen die gefundenen Panzer zahllose Variationen. Die Forscher zählten bis heute schon 32 Gattungen, die fast ein Zehntel aller bekannten Dinosaurier ausmachen. Die Panzerdinosaurier wehrten Angriffe ab, indem sie den Körper dicht an den Boden pressten und auf diese Weise fast vollständig unter dem Panzer verschwanden. Das machte sie wohl ziemlich unangreifbar.

Der kleinste bekannte Ankylosaurier, die Straußenechse (Struthiosaurus), war nur etwa 1,8 Meter lang. Sie hatte sechs verschiedene Panzerungen, davon

Stacheln an Kopf und Schultern sowie scharfe Platten an Schwanz und Hüften. Auch *Hoplitosaurus,* benannt nach den schwerbewaffneten Soldaten im alten Griechenland, entwickelte fantasievolle Panzer: Seinen Körper bedeckten dreieckige, runde, flache, keilförmige und stachlige Panzersegmente.

Der größte Panzerdinosaurier, der *Ankylosaurus,* („gekrümmte Echse"), wurde zehn Meter lang und maximal

Zwei Styracosaurier in Kampfhaltung. Das mächtige Horn auf der Schnauze war eine gefährliche Waffe.

fünf Tonnen schwer. Er und *Tarchia* („der Intelligente") aus der südlichen Mongolei (ebenfalls acht bis neun Meter lang) lebten bis in die späte Kreidezeit hinein und erlebten wohl noch den Untergang der Dinosaurier.

Auch die Horndinosaurier gehören zu den Zeugen und Leidtragenden der großen Katastrophe, die sich gegen Ende der Kreidezeit abgespielt haben mag. Diese Ceratopsier sind die letzte Saurierart, die sich überhaupt entwickelte, und überraschen durch ihre große Vielfalt.

Versetzen wir uns wieder einmal in die zweite Hälfte der Kreidezeit, die etwa vor 100 Millionen Jahren begann. Die Vegetation würde uns schon sehr vertraut vorkommen. Sie bestand aus dichten Laubwäldern, die weite Teile der nun schon überwiegend getrennten Erdteile bedeckten. Die herbstlichen Wälder mit ihren Eichen, Kastanien, den Birken, Platanen, Eschen und Ahornbäumen, die sich verfärbten, müssen schon ein prachtvoller Anblick gewesen sein. In tropischen Gebieten wuchsen auch richtige Palmen und Brotfruchtbäume. Man würde in dieser Umgebung heute die Brunftschreie stattlicher Hirsche erwarten, tatsächlich ertönten aber die Urschreie gewaltiger Dinosaurier. Gigantische, allerdings immer seltener werdende Sauropoden schoben sich über die Waldschneisen. Tyrannosaurus-Rex lauerte auf Beute. Aber vor allem tummelten sich hier riesige Herden von Vogelbecken-Dinosauriern, darunter nicht wenige *Ceratopsiden*.

Diese Horndinosaurier könnten sich ähnlich verhalten haben wie heutige Hirsche oder Elche. Mit ihren stabilen Schädeln rannten sie gegeneinander an und stießen donnernd zusammen. Arten mit großen, gefährlichen Hörnern haben dabei wahrscheinlich nur „die Säbel gekreuzt", ohne sich schwere Verletzungen beizubringen.

Man muss sich die Urgewalt dieser Machtkämpfe um die Führung in der Herde einmal vorstellen: Ungetüme wie Triceratops waren fast zehn Meter lang und wogen fünf bis sechs Tonnen. Allein die Knochenkerne der Hörner maßen an die 90 Zentimeter; die Hörner selbst müssen also noch sehr viel länger gewesen sein. Ähnlich wie bei den Antilopen entwickelten sich zahlreiche Hornvarianten.

Die Ahnen dieser wendigen Vierbeiner waren pflanzenfressende Papageienechsen wie der *Psittacosaurus,* die in China, der Mongolei und im südlichen Sibirien lebten. Mit einem bis anderthalb Meter Länge waren sie eher unscheinbar und wirkten mit ihren zahnlosen Schnäbeln und den wenigen Backenzähnen sogar schwächlich. Am Kopf befanden sich aber schon kurze Knochenstacheln, und eine Art besaß bereits ein winziges Horn auf der Nase.

Auch die *Protoceratopsiden* wirkten noch klein und primitiv, und niemand hätte ihnen eine so glänzende Karriere in der Erdgeschichte zugetraut. *Protoceratops* („erstes Horngesicht") gilt als frühester bisher bekannt gewordener Horndinosaurier. Mit 1,8 Meter Länge wog er immerhin

Nächste Doppelseite: Ein riesenhafter Tarbosaurus im Kampf mit einem Torosaurus. Dessen lange Hörner waren imstande den weichen Bauch des Räubers aufzuschlitzen.

Der Torosaurus entwickelte einen riesigen schützenden Nackenschild.

schon 1,4 Tonnen. Typisch für die weitere Entwicklung waren der große Schädel mit Schnabel, die breite Halskrause, die die Kiefermuskeln unterstützte, und die Höcker über Schnauze und Augen als Vorläufer der Hörner.

Die echten Ceratopsiden mit langer Halskrause nahmen im Lauf ihrer Weiterentwicklung schnell an Größe zu. *Torosaurus* („Stierechse"), der in Nordamerika vorkam, brachte es schon auf 7,6 Meter und sieben bis acht Tonnen Gewicht. Diese wieder auf vier Beinen laufenden Tiere hatten meistens ein kleines Horn auf der Schnauze und längere Hörner über den Brauen. Am Knochenschild über dem Schädel waren sehr kräftige Kiefermuskeln befestigt, denn die Horn-

dinosaurier hatten sich bereits auf die neue Pflanzenkost umgestellt. Mit ihren scharfen Zähnen zerkleinerten sie sowohl die faserreichen Palmwedel um an den süßen Saft heranzukommen, als auch die härteren Äste und Blätter der neuen Laubbäume.

Am besten bekannt ist dank zahlreicher Knochenfunde der *Triceratops* („Dreihorngesicht"). Er war einer der letzten und größten Dinosaurier mit kurzer Halskrause, massivem Kopf und langen Brauenhörnern. Allein nach der Form der Hörner können die Forscher heute 15 bis 20 Arten unterscheiden. Fast alle glichen im Aussehen den Nashörnern, nur dass sie mit zusätzlichen Hörnern und einem Dinosaurierschwanz ausgestattet waren. Viele Fossilien scheinen zu beweisen, dass die Horndinosaurier in Herden lebten. Vergleichende Studien, zum Beispiel mit heute lebenden Nashörnern, kamen zu dem Ergebnis, dass die Riesen im Grunde gutmütig und ruhig waren. Gefährlich wurden sie erst bei einem Angriff und wahrscheinlich in der Brunftzeit. Ähnlich wie bei den Hadrosauriern gab auch ihnen ein Leben in größeren Verbänden besseren Schutz, denn Einzelgänger konnten sich wohl nicht lange gegen Rudel fleischfressender Carnosaurier verteidigen.

Es wäre interessant zu wissen, wie die kleinen und großen Raubsaurier sich in der Kreidezeit auf diese Vielfalt von Pflanzenfressern eingestellt haben. Innerhalb der Evolution herrscht die Regel, dass nie einseitig eine bestimmte Tiergattung bevorzugt wird. Also legten sich die Fleischfresser neue Waffen und Taktiken zu.

Die Bestien der Vorzeit

Noch im unsicheren Dämmerlicht des beginnenden Tages schiebt sich das Rudel von Deinonychus-Raubsauriern vorsichtig an die Herde der Iguanodontiden („Leguanzähne") heran. Mit ihren scharfen Augen haben sie das Opfer längst ausgemacht: eine riesige Iguanodonkuh, die schon am Vortag Schwierigkeiten gehabt hat, der Herde bis zum nächtlichen Rastplatz zu folgen. Das geschwächte Tier, das

vielleicht schon 80 oder 100 Jahre alt ist, wiegt mindestens vier Tonnen.

Mühsam stemmt sich das Opfer auf seine zitternden Beine, als die Herde bei Sonnenaufgang friedlich weidend weiterzieht. Auf diesen Moment haben die Räuber gewartet. Mit schrillen Angriffs-

Im Unterholz lauern einige Deinonychus-Raubsaurier einer Iguanodonherde auf.

schreien jagen sie von mehreren Seiten auf die Pflanzenfresser zu. Deren Leitbulle ist ein mächtiges, 4,5 Tonnen schweres Tier, das seine Masse jetzt schwerfällig in Bewegung setzt. Trotzdem donnert die Herde schon nach wenigen Sekunden mit fast 50 Stundenkilometern davon.

Schnell bleibt das altersschwache Tier zurück. Die *Dromaeosauriden* („Rennechsen") jagen mit noch größerer Geschwindigkeit heran. Fast waagerecht liegen ihre drei bis vier Meter langen Körper dabei in der Luft, der Kopf ist vorgestreckt. Mit ihren langen Hinterbeinen erreichen die Jäger fast 75 Stundenkilometer. Dann springt das Leittier dem Iguanodon mit einem gewaltigen Satz auf den Rücken und krallt sich dort fest. Die langen, sichelförmigen Klauen schlagen tiefe Wunden in den Körper.

Ein anderer Deinonychus hat sich in die Flanke des Opfers verbissen, das bald an mehreren Stellen blutet. Hilflos bäumt sich der gestellte Riese noch einmal zu voller Größe auf und stößt einen Schrei aus. Aber auch aus fünf Meter Höhe sieht die Lage hoffnungslos aus. Seine Herde ist schon mehrere hundert Meter entfernt und verschwindet gerade in einer Waldschneise. Direkt unter ihm blecken acht bis zehn hungrige Raubsaurier ihre scharfen Zähne. Die flinken Jäger müssen nur noch darauf achten, dass sie nicht von den spitzen Daumen, der einzigen Verteidigungswaffe des um sich schla-

Mit dem altersschwachen, hinter der Herde zurückgebliebenen Iguanodon haben die flinken „Schreckenskrallen" leichtes Spiel. Nach kurzem Abwehrkampf verblutet das Opfer.

genden Opfers, getroffen werden. Auch das Gewicht des zu Boden stürzenden Giganten könnte dem einen oder anderen Räuber zum Verhängnis werden.

Aber die Rennechsen sind erfahrene Jäger. Sie sind nicht nur flink, beweglich und schwer bewaffnet – mit ihrem für Dinosaurier relativ großen Gehirn können sie auch alle Bewegungsabläufe gut koordinieren. Es dauert nur wenige Minuten bis das Iguanodon verblutet ist.

Theoretisch müsste der Koloss dem ganzen Rudel für Wochen reichen, aber so lange wird man die Dromaeosauriden nicht in Ruhe lassen. Kleine Fleischfresser, die schon jetzt zu Dutzenden am Waldrand lauern, oder die Flugsaurier, die über der Lichtung kreisen, könnten sie noch in Schach halten. Aber wehe, wenn einer der Tyrannosaurier oder ein Rudel Allosaurier in die Nähe kommt ...

Also schlagen sich die Raubsaurier hastig die Bäuche voll und geben dann die restliche Beute frei. Die blitzschnelle Attacke und das gierige Fressen haben den Körper außerdem so stark erhitzt, dass eine Abkühlung im nächsten Fluss dringend notwendig ist.

Raubsaurier:
die trickreichen Killer

Dieses Bild von den Raubsauriern *(Theropoden),* die nicht nur mit brutaler Kraft, sondern obendrein auch noch mit Behändigkeit und Intelligenz angreifen, ist noch nicht alt. Paläontologen wie der Amerikaner *Gregory S. Paul* haben es entworfen.

Gegen die 150 Jahre alte Vorstellung vom grausamen, aber ziemlich plumpen und stumpfsinnigen Killer setzt er seine Version von einem Saurier, der sogar unseren heutigen Raubtieren überlegen war.

Selbst der acht Tonnen schwere Tyrannosaurus-Rex, der bisher eher als tapsiger Koloss und Aasfresser eingestuft worden war, soll auf seinen mächtigen Hinterbeinen schneidige Attacken gelaufen und gesprungen sein und das sogar schneller als Nashörner oder Elefanten.

Wie kommt ein Wissenschaftler auf diese Thesen? Hat er sensationelle neue Entdeckungen gemacht? Keineswegs. Aber er hat das vorhandene Material neu gesichtet und kam dabei zu interessanten Schlüssen. An den Kieferknochen las er zum Beispiel ab, dass die Theropoden und vor allem T'rex, wie Forscher den Superraubsaurier fast liebevoll nennen, die mächtigsten Muskelstränge aller Zeiten besaßen, mit denen sie ihre dolchartigen Zähne in den Körper ihres Opfers trieben. Die Kieferpartie von T'rex maß nicht weniger als anderthalb Meter.

Kaum weniger muskelbepackt waren die mit spitzen Krallen bewaffneten „Adlerfüße". Trotz ihres enormen Gewichts konnten Muskeln und Knochengelenke die gewaltigen Sätze abfedern. Das lässt sich auch an den Fußspuren ablesen. Diese versteinerten „Trittsiegel" haben in der Regel ganz verschiedene Abstände, je nachdem, ob da eine Herde Pflanzenfresser mit fünf Stundenkilometern durch die Savannen trottete oder ob Raubsaurier ihre Beute hetzten. In Arizona wurden zum Beispiel die Fußspuren eines nur etwa zehn Kilo schweren Raubsauriers entdeckt. Da der

Abstand von einem Trittsiegel zum anderen vier Meter beträgt, muss das Tier mit einem Tempo von 65 Stundenkilometern unterwegs gewesen sein.

Weder die kleinen Räuber noch die großen wie T'rex oder Allosaurus liefen mit solch einer Geschwindigkeit wenn sie nur auf der Suche nach Aas waren, behauptet nun Gregory S. Paul. Und T'rex sind kaum ebenfalls 18 Zentimeter lange Dolchzähne gewachsen, um von verendeten Beutetieren zu leben. Das waren Tötungswerkzeuge – und die hatten sie auch nötig, denn viele der Pflanzenfresser waren, wie wir schon gesehen haben, absolut nicht wehrlos. Die Hörner eines Triceratops konnten schließlich ebenso tödliche Waffen sein. Deshalb brauchten die Raubsaurier eben nicht nur rohe Kraft, sondern auch listige Taktiken.

Kleine Flugsaurier reinigen das mächtige Gebiss eines Tyrannosaurus.

131

Die begannen schon damit, dass sie sich, wie die meisten heutigen Raubtiere auch, vorzugsweise an den Tränken auf die Lauer legten. Wie dann Tyrannosaurus-Rex einen der pflanzenfressenden Giganten wie Triceratops erlegte, schildert Gregory S. Paul in seinem Buch über Raubsaurier so:

„Plötzlich und vermutlich mit Gebrüll oder Geheul schießt der Angreifer aus seinem Versteck hervor und treibt die Herde in die Flucht. Dabei zeigt die Beute dem Verfolger die ungeschützte hintere Körperpartie. Mit einem gewaltigen Kopfstoß schlägt er daraufhin seine 18 cm langen Zähne in den Leib des Pflanzenfressers. Schwer verletzt und wie von Sinnen vor Schmerz, bleibt der Gigant stehen und dreht sich kampfbereit um. Aber der Angreifer hat sich schon wieder zurückgezogen. Während Blutströme aus der Wunde schießen, wartet er in Ruhe ab, bis er seinem Opfer den Gnadenstoß gibt. Vielleicht lässt er es sogar verbluten, bevor er sich auf die Fleischmassen stürzt."

Laut Paul spielten sich also in der Kreidezeit unvorstellbare Schlachten ab. Löwen und Tiger sind gegen diese Urzeitjäger die reinsten Schmusekätzchen. Aber die Taktik eines „Fluchtangriffs" aus dem Hinterhalt genügte wohl meistens nicht. Die Beutetiere waren intelligent genug sich zu Rudeln zusammenzuschließen, ähnlich wie heute die Wölfe. In Bolivien wurde eine „Dinosaurierstraße" entdeckt, deren Spu-

Blitzschnell verbeißt sich ein Tarbosaurier in den Körper des riesigen Pflanzenfressers. Bevor dieser kampfbereit ist hat sich der Angreifer schon wieder zurückgezogen.

ren zeigen, wie etwa 50 Theropoden Jagd auf eine Brontosaurierherde machten. Aber wie heute bei Antilopen- oder Zebraherden wurden wohl auch damals überwiegend alte, kranke oder noch ganz junge Tiere herausgegriffen. Wehrhafte Beute griffen die Räuber auch damals nur im Notfall an – wenn der Hunger zu groß wurde.

Wie viel Fleisch brauchte ein Raubsaurier?

Kam es wirklich vor, dass die Nahrung knapp wurde? Auch das wird nach wie vor vehement diskutiert. Manche Forscher glauben, dass im Erdmittelalter, besonders in der Kreidezeit, der Kohlendioxydgehalt der Luft größer war als heute. Das würde bedeuten, dass die Pflanzen schneller wuchsen. Es müsste also für Pflanzenfresser Nahrung in Hülle und Fülle gegeben haben und vielleicht wurden viele Dinosaurier aus diesem Grund so groß. Die Fleischfresser müssten also eigentlich jederzeit genügend Beute gefunden haben.

Interessant ist in diesem Zusammenhang, dass früher das Zahlenverhältnis von Pflanzen- und Fleischfressern falsch eingeschätzt wurde. Offenbar war man so fasziniert von den Fress- und Tötungsmaschinen vom Schlage eines T'rex, dass man den Überblick verlor.

Erst der berühmte Dinosaurierforscher *Robert T. Bakker* machte sich die Mühe die Fossilien in den wichtigsten Museen Stück für Stück auszuzählen. Die Raubsaurier machen nach seinem Ergebnis nur ein bis drei Prozent des gesamten Dinosaurierbestandes aus. Das entspricht in etwa dem Verhältnis zwischen heutigen warmblütigen Raubtieren und ihren Beutetieren (ein bis sechs Prozent).

Ein *Velociraptor* („schneller Räuber", 1,8 Meter Länge, 70 Kilo Gewicht) fraß, so haben Wissenschaftler ausgerechnet, vermutlich ein Viertel seines eigenen Gewichts. Dabei gewann er soviel Energie, dass es ein paar Tage reichte. Tyrannosaurus- Rex brauchte schätzungsweise 100

Kilo Fleisch täglich. Er hätte mit seiner Größe einen ausgewachsenen Menschen mit einem einzigen Biss verschlingen können.

Abgesehen von ihrer Angriffstechnik hatten die Raubsaurier übrigens noch einen anderen Grund, sich in der Nähe von Flüssen, Seen und Wasserlöchern aufzuhalten. Die Theropoden erhitzten sich bei der Jagd ziemlich schnell, daher zog es sie ins Wasser. Da sie nicht in der Lage waren, Wasser aufzusaugen wie moderne Säugetiere, tauchten sie den ganzen Kopf ins Wasser, füllten das Maul und warfen den Schädel dann ruckartig hoch. Dabei rann die Flüssigkeit aus der Mundhöhle in den Schlund. Auch das ist wieder eine These des Paläontologen Paul, der mit heute lebenden Tieren auf ähnlicher Entwicklungsstufe Vergleiche anstellt.

Der Ceratosaurus hat hier einen unvorsichtigen Hadrosaurier überrascht. Insgesamt machten die Raubsaurier aber höchstens drei Prozent des gesamten Dinosaurierbestandes aus.

Die Saurier der Meere

Dumpf donnert die Brandung gegen die Kalksteinfelsen und sprüht ihre Gischt tief in die Höhlen hinein, die das Wasser in Jahrtausenden aus der Insel herausgefressen hat. Aus einer schmalen Spalte schiebt sich ein seltsames Reptil heraus. Der sechs Meter lange Körper scheint fast nur aus Hals und Schwanz zu bestehen.

In den Meeren der Triaszeit tummelten sich Nothosaurier und Pistosaurier. Sie waren die Vorfahren der späteren Plesiosaurier.

Von der Schwanzspitze bis zum Rücken flattert ein schmaler Hautfetzen, der sich jetzt beim vorsichtigen Hineingleiten ins Meer strafft und als Andeutung einer Flosse entpuppt. Mit wedelnden Bewegungen gleitet das Reptil vorwärts und beschleunigt die Schwimmbewegung mit den Hinterbeinen, wo sich zwischen den Zehen Schwimmhäute befinden. An den Vorderbeinen sitzen scharfe, gebogene Krallen, die den relativ plumpen Körper später auch wieder ans Ufer ziehen können.

Langsam gleitet der Nothosaurier durch das flache Wasser und pirscht sich von hinten an einen großen Knochenfisch heran. Blitzschnell klappt nun das lange Maul auseinander und gräbt die spitzen Zähne in das Beutetier. Der Kopf schüttelt sich unmerklich, dann ist der Fisch im Schlund verschwunden.

Die *Bastard-* oder *Nothosaurier,* sogenannte Paddelechsen, waren in den flachen Randmeeren der Trias und an den Gestaden des Tethysmeeres am häufigsten anzutretten. Obgleich sie noch an Land kletterten und wohl auch ihre Eier dort ablegten, lebten und jagten sie überwiegend im Meer. Man hat Fossilien von Jungtieren in ehemaligen Brandungshöhlen gefunden und kann sich danach ein Bild von der Landschaft machen.

Große Teile Europas von England bis Polen waren damals von flachen Meeren bedeckt, aus denen kleine Inseln herausragten. Im heutigen Südwestpolen gab es eine Verbindung zum Tethysmeer, das gerade dabei war, einen Keil in den gewaltigen Kontinent Pangaea zu treiben, in dem zu diesem Zeitpunkt noch alle Erdteile

Nächste Doppelseite: Der Kampf zwischen dem Elasmosaurus und einem Mosasaurier hat eine riesige Meeresschildkröte und etliche Ichthyosaurier aufgeschreckt.

vereinigt waren. Aber Tethys trennte nun einen Teil der nördlichen Landhälfte Laurasia von dem südlichen Gondwanaland mit Afrika, der Antarktis und Australien. Das Wasser der Weltmeere erwärmte sich, Festlandeis schmolz und überschwemmte viele Tiefebenen. Durch die Kontinentalverschiebung hoben und senkten sich die Kontinente, wurden überflutet und wieder trockengelegt.

Das waren ideale Lebensbedingungen für Reptilien, die sowohl auf dem Lande als auch im Wasser existieren konnten. Den Ausschlag für eine endgültige Rückkehr ins Meer mag dann das Auftreten der ersten echten Dinosaurier gegeben haben. Räuberische Ungeheuer wie der Ornithosuchus mit seinem Gebiss aus Dolchzähnen dezimierten gerade die säugetierähnlichen und anderen Reptilien, die mit ihrem unbeholfenen Gang an Land viel zu langsam waren für die flinken neuen Fleischfresser.

Ob das bei den Ichthyosauriern oder Fischechsen so gewesen ist weiß man nicht genau. Knochenfunde scheinen zwar zu beweisen, dass sie von landlebenden Reptilien abstammen, aber sie bevölkerten die Meere schon zu Beginn der Trias. Niemand weiß genau, woher sie so plötzlich kamen.

Die Ichthyosaurier wurden immerhin bis zu 15 Meter lang. Manche Arten, zum Beispiel der *Mixosaurus,* erinnern mit ihrer langen, schnabelartigen Schnauze an Delfine. Auch ihr langer Schwanz hatte eine schmale Flosse, also ähnlich wie beim Nothosaurus. Im Gegensatz zu diesen Paddelechsen waren Ichthyosaurier aber nicht mehr in der Lage, an Land

zurückzukehren. Ihre Gliedmaßen hatten sich schon zu Ruderblättern wie bei Delfinen umgebildet, und oben auf dem Rücken wuchs eine weitere stabilisierende Flosse. Sie erinnert schon ein wenig an die Rückenflossen der Haie, die in der Jurazeit die Meere zu beherrschen begannen.

Das vollständige Skelett einer dritten meeresbewohnenden Reptilgruppe wurde 1902 am Plattensee in Ungarn gefunden:

Diese „Pflasterzahnsaurier" (Placodontia) erinnern mit ihrem verknöcherten Schuppenpanzer entfernt an Schildkröten mit langen Schwänzen. Die breiten Köpfe mit den langen Zähnen ähneln noch am ehesten den Reptilien oder Dinosauriern. Aber diese Tierart konnte sich wohl nicht richtig zwischen Land und Meer entscheiden, denn sie legte ihre Eier an Land ab und musste auch zum Luftholen auftau-

chen. Obgleich sich die Placodonten bis zum Ende der Trias rundum panzerten, starben sie zum Beginn des Jura aus. Knochenfische nahmen nun ihren Platz ein – es waren fast die gleichen aus denen

Meeresbewohnende Reptilien der Triaszeit waren die Placodontier. Sie hielten sich zwar vorwiegend in Küstengewässern auf, legten aber ihre Eier an Land ab.

sich 150 Millionen Jahre früher die ersten Amphibien entwickelt hatten.

· Nur hatten sie jetzt kräftigere Kiefer und Gebisse und waren mit ihren Kiemen dem Meer wesentlich besser angepasst.

Machen wir einen Sprung in die warmen Jurameere. Rund 50 Millionen Jahre sind vergangen und noch immer schießen die stromlinienförmigen Ichthyosaurier durch das Wasser. Sie finden immer bessere und ausgedehntere Fischgründe, denn zwischen den Kontinenten haben sich gewaltige Risse aufgetan. Tethys schiebt sich immer weiter zwischen Laurasia und Gondwanaland, und dabei entsteht der Atlantik. Überall breiten sich flache, warme Meere aus, in denen es von Fischen wimmelt.

Der Ichthyosaurus hatte eine verblüffende Ähnlichkeit mit unseren heutigen Delfinen.

An den Ichthyosauriern hat sich nicht viel verändert. Warum auch? Mit ihren langen Schnauzen und spitzen Zähnen finden sie reichlich Beute. Vielleicht haben sich die Flossen noch etwas verfeinert. Sie zeigen beinahe „modernes Styling". So sind die längeren Vorderflossen in Schwimmrichtung beispielsweise dicker und nach hinten abgeflacht. Das ist strömungsgünstig und sorgt, wie auch die Tragflächen von Flugzeugen beweisen, für Auftrieb. Man kann davon ausgehen, dass die Meeresreptilien eher an der Wasseroberfläche jagten. Reste von Fischen, die man in gut konservierten Skeletten fand, scheinen dies zu bestätigen. Überhaupt sind aus dieser Zeit zahlreiche Fossilien erhalten. Sogar Hautreste hat man gefunden, und aus Pigmenten leiteten die Forscher ab, dass Ichthyosaurier auf dem Rücken dunkelgrün oder bräunlich gefärbt waren.

Sogar ein junger Ichthyosaurier wurde erhalten, der vor 150 Millionen Jahren tot auf den Meeresboden sank und dort im Schlamm so vollständig konserviert wurde, dass man Hautstrukturen erkennen konnte. Obgleich die Ichthyosaurier sehr gut an das Leben im Meer angepasst waren, starben sie dennoch in der Kreidezeit schließlich aus. Dafür setzten sich vor 150 Millionen Jahren zwei andere Meeressaurier nachdrücklich durch. Erst tauchten die *Plesiosaurier* auf, die die gleichen Reptilien als direkte Vorläufer hatten, aus denen sich auch die Notho-

Elasmosaurus war mit 14 Meter Länge der größte Plesiosaurier.

saurier entwickelt hatten. Nur war ihr Kopf breiter und der Schwanz wesentlich kürzer. Dafür fallen die langen, paddelartigen Vorder- und Hinterflossen auf, in denen noch die ehemaligen Finger und Zehen zu erkennen sind.

Plesiosaurier konnten ihre „Ruder" nach vorn und nach hinten bewegen. Das machte sie zwar sehr wendig und behände, andererseits gab es einen Nachteil: Die Flossen ließen sich nur bis in

143

Schulterhöhe anheben und daher konnten die Saurier nicht oder nur sehr schlecht tauchen. Beute musste also über ihnen an der Oberfläche gesucht und dann mit dem langen Hals eingefangen werden. Manche Plesiosaurier entwickelten mit der Zeit einen längeren Kopf und verkürzten dafür den Hals. Aus ihnen entstanden vermutlich die *Pliosaurier,* die größten Meeresreptilien überhaupt. Charakteristisch für diese Art waren ein kurzer, muskulöser Hals und ein dicker Kopf. Sie schwammen so ähnlich wie Pinguine: Die vorderen Flossen drückten nach hinten und unten, die längeren Hinterflossen wurden kräftig an den Körper herangezogen.

Die stromlinienförmigen Körper zeigen, dass die Pliosaurier gute Langstreckenschwimmer gewesen sein müssen. Auch bei ihnen waren die Flossen wie Tragflächen oben gewölbt, unten aber flach.

Plio- wie Plesiosaurier lebten zwar in den gleichen Gewässern, aber sie waren keine unmittelbaren Nahrungskonkurrenten. Die einen ernährten sich hauptsächlich von Kopffüßern, also etwa Kraken, die anderen bevorzugten Fische, denen sie mit ihren langen Hälsen nachstellten. Obgleich sich während der Kreidezeit (vor 136 bis 65 Millionen Jahren) in den warmen Flachmeeren kaum etwas änderte, starben nicht nur die Ichthyosaurier aus, auch die Pliosaurier konnten sich nur in den Gewässern um Neuseeland halten. Warum beide Meeresreptilien schließlich ganz verschwanden ist rätselhaft – genau wie das Aussterben der Dinosaurier auf dem Lande. Ihre Beutetiere, also Schalentiere und Kopffüßer überlebten dagegen ebenso wie die meisten Knochenfische und die großen Meeresschildkröten, die in der Kreidezeit bis zu sechs Meter lang werden konnten.

Merkwürdigerweise dominierten zuletzt die Plesiosaurier. Sie bekamen teilweise noch längere Hälse, mit denen sie die neuen, sehr schnellen Knochenfische verfolgen konnten. Verwunderlich ist auch, dass die Pliosaurier fast ausstarben, weil sich später aus den Plesiosauriern noch einmal ähnliche Formen, nur mit längeren, dicken Schädeln und kürzeren Hälsen, entwickelten, die offenbar problemlos überlebten. Jedenfalls ein paar Millionen Jahre lang, bis gegen Ende der Kreidezeit auch ihre Linie erlosch. Die Ursache bleibt rätselhaft, weil immerhin bis heute fünf andere Reptilienarten überlebten: Schildkröten, Brückenechsen, echte Echsen, Krokodile und Schlangen.

Auch für den Untergang der Meeressaurier werden wieder die Kontinentalverschiebung und als deren mögliche Folgen die Umweltkatastrophen verantwortlich gemacht. Ein Beleg für diese These könnte die Tatsache sein, dass auch die Meereskrokodile ausstarben, einige allerdings etwas später als die Dinosaurier und die Meeresreptilien. Nur die Krokodile der Binnengewässer überlebten – jedenfalls einige Arten – und stellen damit die einzigen Archosaurier dar, die heute noch existieren.

Auch Meereskrokodile wie Teleosaurus starben am Ende der Kreidezeit aus.

Die Saurier der Lüfte

Unten schleppt sich eine Herde Iguanodons durch die Wüste, die auf der verzweifelten Suche nach Wasser immer tiefer in diese baumlose, glutheiße Ebene hineingeraten ist, aus der nur ab und zu rote Felsen herausragen. In einer von Felsbrocken übersäten Schlucht, die während der Regenzeit zur tödlichen Wasserfalle werden kann, bricht das erste Tier erschöpft zusammen. Abgestumpft von Hunger und Durst trotten die anderen weiter.

Auf diesen Augenblick hat der riesige Flugsaurier nur gewartet, der in den steilen Felsen der Schlucht zu hängen scheint. Schwungvoll stößt er sich ab und breitet seine Schwingen aus. Fast 15 Meter beträgt die Spannweite, etwa doppelt so breit wie ein Fußballtor. Sofort wird der Körper vom Aufwind, der sich über dem heißen Boden gebildet hat, emporgetragen. In weiten Kreisen schwebt der gewaltige Pterosaurier jetzt über der Schlucht. Er lässt mit weit vorgestrecktem Kopf die Iguanodons und vor allem das verendete Tier nicht aus den Augen. Ein einziger Flügelschlag, der zwei bis drei Sekunden dauert, bringt den Räuber der Lüfte näher an sein Opfer heran. Aber erst als er ganz sicher sein kann, dass das Tier unter ihm nicht mehr lebt, stößt er herab ...

Der riesige Quetzalcoatlus lässt die Herde erschöpfter Iguanodons nicht aus den Augen. Da bricht das erste Tier zusammen ...

Mit seinem langen, spitzen und zahnlosen Schnabel war dieser Flugsaurier vielleicht so etwas wie der erste Geier der Urzeit. Er schwebte über den Steppen und Wüsten des Binnenlandes und ernährte sich wohl nur von Aas. Genistet hat er sicher auf hohen Felsen, von denen er sich jederzeit abstoßen konnte, sobald Wind wehte. Es ist nämlich sehr zweifelhaft, ob diese Flugsaurier bei Windstille oder von einer Ebene aus überhaupt starten konnten. Vielleicht liefen sie mit ihren relativ langen Beinen los, um Schwung zu holen und schlugen dabei mit den Flügeln, machten erst ein paar große Sätze um dann allmählich an Höhe zu gewinnen.

Als der Paläontologe *Douglas A. Law*son 1971 im Westen von Texas den sensationellen Fund machte, stand ihm und seinen Kollegen noch viel Laborarbeit bevor. Mühsam setzten sie aus den vielen kleinen Knochen, die sich erhalten hatten, einen Flügel zusammen. Dann rekonstruierten sie ein Modell und nannten es *Quetzacoatlus Northropi*, nach dem gefiederten Schlangengott der Azteken und dem berühmten Flugzeugbauer.

Ein paar Jahre später fanden die Wissenschaftler nur ein paar Meilen von der ersten Fundstelle entfernt noch 20 weitere gut erhaltene Skelette von Flugsauriern,

Ramphorhynchus war einer der ersten Flugsaurier. Der lange Schwanz diente der Steuerung.

die zwar nur halb so groß, aber im Knochenbau praktisch identisch waren. Nach ersten Schätzungen sollte Quetzalcoatlus Northropi eine Flügelspannweite von 15 Metern haben. Dann machte sich eine Expertengruppe aus Elektronikern, Aerodynamikern, Mechanikern und natürlich Paläontologen daran, die Flugechsen mit den Riesenflügeln nachzubauen. Eine Nickel-Cadmium-Batterie mit anderthalb Kilo Gewicht lieferte die Energie dazu. Zwölf Elektromotoren brachten es zusammen auf etwa 1 PS Leistung.

Dabei zeigte sich sehr schnell, was für ein miserabler Flieger Quetzalcoatlus

Pteranodon war mit sieben Meter Flügelspannweite einer der größten Flugsaurier.

Northropi gewesen ist, denn ohne stabilisierenden Schwanz und ohne Leitwerk hatten die Techniker enorme Schwierigkeiten, das Fluggerät mit der „aktiven Kontrolle" überhaupt in der Luft zu halten. Aktive Kontrolle bedeutet, dass der Flugsaurier ständig mit kleinen oder größeren Veränderungen der Flügelneigung, durch Drehen des Kopfes und selbst der winzigen Finger an den Flügeln seine Fluglage stabil halten musste. Bei diesen Flugversuchen erwies sich, dass die Flügelspannweite wohl maximal elf Meter betragen haben kann. Doch selbst dann noch wäre Quetzalcoatlus Northropi ein eindrucksvoller König des Himmels gewesen. Die bisher bekannten größten Flugsaurier, zum Beispiel *Pteranodon,* hatten es nur auf Spannweiten von höchstens 7,5 Meter gebracht. Das ist immerhin die Größe eines Fußballtores und das Doppelte von dem, was unser heutiger größter Vogel, der Ozeansegler Albatros zu bieten hat.

Die Körperlänge von Pteranodon betrug 279 Zentimeter. Davon entfielen aber allein 179 Zentimeter auf den großen Kopf mit dem langen, spitzen Schnabel, von dem ein 68 Zentimeter langer Knochenkamm abstand, der vielleicht doch so etwas wie ein Flugleitwerk darstellte. Im Windkanal zeigte sich, dass dieser Kamm auch als Gegengewicht diente wenn der Vogel den Kopf zur Seite drehte.

Pteranodon gehörte zu den Seglern und Windgleitern und ließ sich ebenfalls vom Aufwind tragen. Für einen einzigen Flügelschlag brauchte er zwei Sekunden. Er lebte vorwiegend in den Klippen am Meer, wo er Jagd auf Fische machte, die er mit dem langen Schnabel aus dem Wasser erbeutete. In einem weiten Kehlsack konnte der Fang so untergebracht werden, dass er das Gleichgewicht beim Fliegen nicht störte. Da die hohlen Knochen nur drei Millimeter dick, also sehr leicht waren, wog der ganze Flugsaurier schätzungsweise nur 15 bis 17 Kilo.

Ähnlich wie beim Übergang der Tiere vom Wasser aufs Land, als sich aus den Flossen Arme und Beine entwickelten, ist es immer noch ein kleines Rätsel wie Flughäute und Federn entstanden. Haben sie sich langsam, Schritt für Schritt, Feder für Feder entwickelt? Oder gab es keine Zwischenstufen? Das ist ziemlich wahrscheinlich, denn schließlich kann man nicht ein bisschen vom Baum oder Felsen springen: Entweder man kann fliegen, oder man ist tot ...

Die Spuren erster Flugversuche wurden schon im Triasgestein gefunden, also segelten wohl in der Nähe des entstehenden Tethysmeeres frühe Echsen im Gleitflug von den Klippen hinunter ins Wasser. Danach kletterten sie mühsam wieder

So lernten die Reptilien fliegen: Longisquama war nur 15 Zentimeter groß und verfügte über lange, fadenförmige Schuppen auf dem Rücken. Ein möglicher Urahn der Flugsaurier war die Gleitechse Podopteryx (links).

nach oben, vielleicht aber nur, wenn sie fliehen mussten. Diese „fliegenden" Reptilien, die vermutlich die gleichen Vorfahren haben wie die Dinosaurier, flogen im Grunde noch nicht richtig. Gleitechsen oder Kuehnosaurier schwebten eher wie mit einem Gleitschirm durch die Luft, aktive Flieger wurden sie nie. Ihre Nahrung bestand vorwiegend aus Insekten.

Wie sich Schuppen und Hautteile tatsächlich zu Flügeln umbilden konnten, sieht man an zwei Reptilien, deren Fossilien in der Kirgisischen Sowjetrepublik (Zentralasien) gefunden wurden. Schon die Namen deuten das Evolutionsprogramm an: *Longisquama* („bemerkenswerte Langschuppe") und *Podopteryx* („wunderbare Fußflügel").

Longisquama ist ein Beispiel dafür, wie aus Schuppen Federn werden, denn auf seinem Rücken haben sie sich zu enormer Länge, nämlich etwa so lang wie der dünne schlangenartige Schwanz, ausgewachsen. Diese langen Beinahefedern wirkten bei einem Sprung von hohen Bäumen oder Felsen wie ein Fallschirm. Bei der Partnersuche oder bei Gefahr konnten sie auch imponierend oder abschreckend zu einem riesigen Kamm hochgestellt werden. Obgleich Longisquama einen guten Vorfahren für die echten Vögel hätte abgeben können, blieb er ein Gleiter und erlernte nie die Flügelschlagtechnik.

Der Vorfahr der Flugsaurier (Pterosaurier), der Podopteryx, dagegen schlug zwar schon mit den Flügeln, hatte aber sonst ebenfalls keine Ähnlichkeit mit den Vögeln. Er glitt mit einer Flughaut durch die Luft, die zwischen Schwanz und Hinterbeinen bzw. Hinterbeinknie und Ellenbogen der Vorderarme gespannt war. Im Wesentlichen besorgten dabei wohl die Hinterbeine die Steuerung dieser elastischen Fallschirmhaut.

Zu kraftvollen Fliegern wurden die Pterosaurier aber erst, als sich die lederartigen Flügel vergrößert hatten und von einem verlängerten Finger der vorderen Hand über die Knöchel der Hinterbeine bis zum Schwanz reichten. Ihre Skelette stammen aus der Zeit der späten Trias

und des jungen Jura. Wichtige Hinweise auf die Entwicklungslinie gab ein Skelett, das in Kasachstan (ebenfalls Zentralasien) gefunden wurde. Bei diesem Flugsaurier saß die Flughaut nämlich nicht mehr am Schwanz fest, sondern wurde frei und behände zwischen Vorder- und Hintergliedmaßen auf- und abbewegt. Außerdem war der Körper von einem dichten Pelz bedeckt, der an den Schenkeln besonders lang war. Dieser Fund beweist, dass die Flugsaurier nicht mehr länger Reptilien, sondern behaarte, warmblütige Flieger waren und damit zumindest zu ihrer Zeit den Vögeln ebenbürtig. Trotz ähnlicher Gehirne, Augen und lufthaltiger Knochen

sind sie aber mit den echten Vögeln nicht verwandt, denn die entwickelten sich aus kleinen Raubsauriern, so genannten *Coelurosauriern* („Hohlschwanzechsen").

Die Flugsaurier beherrschten zwar noch während der gesamten Jurazeit die Lüfte, aber gleichzeitig entwickelte sich auch moderne Konkurrenz. Als man 1861 den ersten fossilen Abdruck des Urvogels *Archaeopteryx* bei dem Städtchen Solnhofen fand, galt das als Sensation. Der Name bedeutet „Urfeder" oder „Urflügel". Inzwischen wurden noch sechs andere solcher Urvögel entdeckt. Sie gelten als Übergangsform zwischen Reptilien und Vögeln.

Dimorphodon war ein früher Flugsaurier. Der Fleischfresser hatte einen unverhältnismäßig großen Kopf, dessen Gewicht wegen einiger Öffnungen im Schädel relativ gering war.

Archaeopteryx sieht aus wie ein Dinosaurier mit Federn. Sein Skelett unterscheidet sich kaum von dem kleinerer Raubsaurier, etwa dem nur 30 Zentimeter großen Comsognathus, einem Hohlknochen-Dinosaurier. Wären nicht die Federn im Felsen exakt abgezeichnet, hätte niemand „Urfeder" für einen Vogel gehalten. Trotzdem gibt es zwei kleine, aber vielleicht entscheidende Unterschiede: Eine Zehe war nach hinten gerichtet, so dass sich das Tier gut an Baumästen festklammern konnte, und zweitens stand das Schambein des Beckengürtels nach hinten und nicht nach vorn wie bei den Coelurosauriern.

Auch Archaeopteryx war kein besonders guter Flieger. Man nimmt an, dass er lediglich im Gleitflug von Bäumen herabsegelte und dabei mit dem langen Knochenschwanz lenkte. Sein Schnabel enthielt noch Reptilienzähne. Als „Urfeder" auftauchte, beherrschten ganz eindeutig warmblütige Flugsaurier die Lüfte, die weitaus perfekter das Fliegen beherrschten. Doch warum starben sie dann aus, Archaeopteryx aber nicht? Und wieso entwickelten sich ausgerechnet aus ihm unsere der Umwelt perfekt angepassten Flugkünstler? Das hat mehrere Gründe. Mit seinem Federkleid war der Urvogel besser gegen Beutetiere geschützt, denn damit war er weniger verletzlich als die Flugsaurier mit ihren empfindlichen Häuten, die bei jedem kleinen Riss schon flugunfähig wurden. Federn gaben nach, und wenn eine herausgerissen wurde, blieb die Flugfähigkeit trotzdem erhalten. Mit Federflügeln war es sicher auch leichter vom Boden aus zu starten, da sie große Sprünge unterstützten und schnellere Flügelschläge zuließen.

Die Federn stellten also einen entscheidenden Fortschritt dar. Sie konnten davon abgesehen auch eng an den Körper gefaltet werden, so dass sich ein Vogel auch auf dem Boden geschickt bewegte. Selbst Lebensräume in dichten Niederungen konnten daher erschlossen werden. Spitze Äste oder Dornen störten die Vögel wenig, hielten aber fleischfressende Jäger ab. Außerdem wuchsen bei Verletzungen die Federn sogar nach und hielten überdies den Körper selbst bei niedrigen Außentemperaturen warm.

Im Laufe der Zeit bildete sich der lange Knochenschwanz, das Erbe der Reptilien, zurück, und starke Brustmuskeln ermöglichten immer kräftigere Flügelschläge. Und in den Jahrmillionen setzten sich die Vögel immer besser durch, während die Flugsaurier endgültig von der Erde verschwanden.

In der Kreidezeit schließlich, also vor etwa 100 Millionen Jahren, waren die Vögel schon ganz ähnlich gebaut wie unsere heutigen Vögel. Und auch die Vielfalt war beachtlich:

Kormorane holten sich im Sturzflug Fische aus dem Wasser, der schnelle Flieger *Ichthyornis* ähnelte bereits unserer Schwalbe, und Zahntaucher oder Fischvögel, die teilweise tauchten, aber nicht richtig fliegen konnten, schaukelten auf den Wellen der großen, warmen Flachmeere. Am Ufer suchten Rallen und Wattvögel nach Würmern oder Schalentieren. Selbst Flamingos bevölkerten schon die großen Seen in tropischen Gebieten.

Während also die Dinosaurier noch deutlich das Leben auf dem Lande beherrschten und auch Meeressaurier noch quicklebendig die Meere durchpflügten, hatte sich in der Luft bereits eine „Wachablösung" vollzogen.

Noch zu Lebzeiten der Dinosaurier bildeten sich alle heutigen Vogelarten heraus. Urzeitliche Vorgänger von Tauben, Enten, Schwalben und Flamingos bevölkerten die Erde.

Pop-Dinosaurier und Dinosauroide

Das war einfach eine Sensation! Als das Naturkundemuseum von Los Angeles seine Ausstellung über Urzeittiere eröffnete, staunten sogar die Fachleute unter den Besuchern. Noch nie hatten sie das Bild eines furchterregenden Tyrannosaurus-Rex in Kriegsbemalung gesehen. Und das war nicht die einzige Überraschung: Iguanodons waren plötzlich malvenfarbig, Diplodocus metallicblau, und ganze Herden behänder Raubsaurier verständigten sich offenbar mit knalligen Signalfarben.

Dinosaurierforscher haben nicht etwa neue Fossilien gefunden, in denen diese Farben vorkamen. Nein, die Urzeitforscher haben einfach dem gewandelten Bild der Dinosaurier auch rein äußerlich Tribut gezollt.

Waren Saurier bunt und gemustert?

Wer nicht mehr als plump, dumm und primitiv gilt, sondern als geschmeidig, sozial und sogar intelligent, dem traut man auch Sinn für Farben zu. Mit anderen Worten:

Haben die Heterodontosaurier während der Paarungszeit ein buntes Balzkleid angelegt?

Wer sich in der Evolution so durchsetzte, dass er beinahe jede ökologische Nische auf der Erde besetzen konnte, der muss auch Farben zu seinem Vorteil genutzt haben – als Signal bei der Jagd, in der Brunft, zur Verteidigung oder zur Abschreckung. Selbst wechselnde Tarnfarben stellen sich manche Forscher vor. Schließlich sind nach neuesten Erkenntnissen viele Dinosaurier, vor allem aus der späten Kreidezeit, durchaus mit heutigen Tieren und Vögeln vergleichbar. Und wie wir wissen, nutzen diese auch Farben in allen Schattierungen. Vermutlich wurde das Leben der Dinosaurier überhaupt von den gleichen Verhaltensmustern bestimmt wie das der heutigen Wirbeltiere. Also ließen die Forscher die blässlichen, grünlich-grauen Reptilienfarben, die man bisher verwendete, beiseite und griffen mit Temperament und Fantasie zu Farben und Mustern.

Natürlich ist das alles Theorie. Nie wird jemand einen lebenden Dinosaurier zu Gesicht bekommen. Aber die Dinosaurierforschung ist dynamischer geworden und holistischer, das heißt ganzheitlicher. Heute arbeiten nicht nur die Paläontologen daran, das Bild der Saurier möglichst genau und wirklichkeitsgetreu zu rekonstruieren, sondern dabei helfen ihnen Biologen, Botaniker, Geologen, Klimaforscher und selbst Künstler und Computerexperten.

Dabei können interessante Projekte herauskommen. In Utah versuchen Wissenschaftler zum Beispiel genau zu rekonstruieren, wie das heutige Wüstengebiet dort vor 140 Millionen Jahren aussah. Ihrer Arbeit zufolge wälzten sich riesige Ströme durch tropische Urwälder. Zwischen den

Manche Wissenschaftler vermuten, dass sich die Dinosaurier – hier ein Saurolophus – mit wechselnden Tarnfarben ihrer Umgebung anpassen konnten. Warum sollten sich die Saurier anders verhalten haben als heutige Tiere?

Nächste Doppelseite: Viele Dinosaurier könnten bunt und gemustert gewesen sein. Eine Szene aus der Kreidezeit mit Echinodon, Parasaurolophus und Ceratosaurus.

roten, durch mitgeschleppten Lehm und Sandstein verfärbten Wassermassen leuchteten helle Sandbänke. Im Hintergrund ragten rauchende Vulkanschlote in den Himmel ...

So tastet man sich, teilweise mit Hilfe der Computersimulation, an die Umwelt heran, um dann zu entscheiden, wie vielleicht die Tiere ausgesehen haben, die hier lebten. Welche Tarnfarben waren in dieser

Umgebung am günstigsten? Wo und auf welche Weise könnten die Dinosaurier ihre Nester gebaut haben? Wie sahen die Eier aus? Hatten die Jungen, bis sie selbstständig wurden, eine andere Farbe als ihre Eltern?

Saurier als Intelligenzbestien

Besonders spannend bleibt nach wie vor die Frage nach der Intelligenz mancher Saurier. Nach neuesten Erkenntnissen hatten sie immerhin ein hoch entwickeltes Sozialverhalten und zeigten sogar Familiensinn. Der Paläontologe *John R. Horner* hat im US-Staat Montana zahlreiche Niststellen mit Eiern und ausgeschlüpften Jungen in verschiedenen Entwicklungsstadien gefunden, die offensichtlich einer Urzeitkatastrophe zum Opfer gefallen sind. Es handelt sich um Hadrosaurier, die als besonders intelligent gelten. Horner schloss aus den Spuren, dass zumindest diese auf zwei Beinen laufende Dinosaurierart ihre Jungen so lange betreute, bis sie groß genug waren für sich selbst zu sorgen. Das ist nicht gerade typisch für Reptilien, die sich sonst kaum um ihren Nachwuchs kümmern. Die Forscher nannten diesen besonders fürsorglichen Entenschnabel daraufhin *Maiasaurus* – „gute Mutterechse". Die Bilder, die der Maler *Douglas Henderson* nach genauen Angaben Horners anfertigte, wirken ausgesprochen friedlich und fast menschlich.

Das soll nicht heißen, dass es diese Brutpflege eben nur bei friedlichen Pflanzenfressern gegeben hat. Gregory S. Paul, der mit seinen unkonventionellen Methoden als „Ketzer" unter den Dinosaurierforschern gilt, geht ganz selbstverständlich davon aus, dass die Brutpflege auch bei den großen Raubsauriern nicht viel anders gewesen ist. Ein Rudel Tyrannosaurier versteckte also seine Jungen kurz vor einem Angriff. Wenn die Beute erlegt war, führte man die Jungen heran. „Piepsend vor Vergnügen" sollen sie sich seiner Meinung nach dann an der Mahlzeit beteiligt haben. Wie immer gibt es keinen eindeutigen Beweis für so eine These und Paul erntete damit viel Kollegenschelte. Er selbst gibt freimütig zu, dass vieles Spekulation ist. Aber, so fragt er, war das nicht immer schon bestes Handwerkszeug für Forscher, die sich mit längst ausgestorbenen, nichtsdestoweniger aber faszinierenden Lebewesen beschäftigen?

Von Pauls Spekulationen aus machen wir noch einen kleinen Schritt weiter: Wie intelligent hätten die Dinosaurier noch werden können, wären sie nicht ausgestorben? Als Paläontologe und anderer Wissenschaftler darf man so etwas natürlich im Prinzip gar nicht fragen. Trotzdem wird seit Jahren hitzig darüber spekuliert – und nicht nur das. Es gibt sogar schon einige Fakten, die man in einem Gedankenexperiment als Grundlage nehmen kann. Nimmt man nur einmal die Tatsache, dass

„Piepsend vor Vergnügen", so vermuten die Dinosaurierspezialisten, haben sich junge Tyrannosaurier am Festmahl beteiligt, wenn ihre Eltern einen guten Fang gemacht haben – hier ist es ein riesiger Edmontosaurus.

alle mit einer Wirbelsäule ausgestatteten Tiere im Laufe ihrer Entwicklung ein größeres Gehirn bekamen, so gibt es kein Gegenargument, warum sich nicht auch die Dinosaurier hätten weiterentwickeln sollen!

Der kanadische Paläontologe *Dale Russell* konstruierte daher zusammen mit dem Künstler *Ron Seguin* ein Hirnsauriermodell: menschenähnlich, mit großem, kahlem Schädel, in dem ein ziemlich voluminöses Gehirn Platz gehabt hätte. Die Gesichtszüge dieses *Dinosauroiden*

Forscher entwarfen dieses Modell eines menschenähnlichen Dinosauroiden.

(„Dinosaurierähnlichen") wirken echsenartig, mit kalten Augen, die eher einer Schlange als einem menschenähnlichen Wesen gehören könnten. An den Händen des Wesens sitzen drei Greiffinger mit messerscharfen Krallen.

Das mag viele schockieren, ist aber nicht völlig aus der Luft gegriffen. Dieser Dinosauroide ist nämlich aus einem Tier namens *Stenonychosaurus,* das vor 100 Millionen Jahren in der Oberkreide lebte, weiterentwickelt worden. Dieser schnelle Zweibeiner brachte es im realen Leben bei 1,75 Meter Größe auf durchschnittlich 40 Kilo. Die Gehirnmasse wog etwa 45 Gramm. Sie machte den flinken, gefährlichen Räuber mit seinem exzellenten Sehvermögen zu einem überlegenen Jäger auf kleine Säugetiere.

Russells Fazit über Stenonychosaurus, der für seine Zeit ein sehr fortschrittliches Tier gewesen ist, lautete folgendermaßen: Er hätte sich zum Beispiel in Australien bis in unsere Zeit hinein halten können – jedenfalls bis zur Besiedlung durch die „modernen" Säugetiere und schließlich durch den Menschen. Es ist daher nicht völlig abwegig, dass sich aus diesem Dinosaurier auch ein menschenähnliches Reptil hätte entwickeln können. Ob er allerdings menschenähnlich gedacht hätte – das ist niemals zu klären.

Aber zumindest in einem Punkt sind sich die meisten Forscher einig, nämlich dass Dinosaurier, wären sie nicht ausgestorben, durchaus heute noch eine wichtige Rolle spielen könnten. Vielleicht würde es noch Millionen Jahre dauern, bis die ersten Hominiden und schließlich der Mensch entstehen würde ...

Computer simulieren das Ende der Saurier

Aber aus welchem Grund starben sie denn nun tatsächlich aus? Hier muss das Fragezeichen weiter stehen bleiben. Manche Forscher, so Horner und Bakker, versuchen nachzuweisen, dass die Dinosaurier über einen längeren Zeitraum hinweg allmählich verschwunden sind – vermutlich als Folge der vielen Katastrophen, die von der Kontinentalverschiebung verursacht wurden. Ständig müssen die Kontinente von Erdbeben erschüttert und von Vulkanausbrüchen zerstört worden sein. Als hochspezialisierte, vielleicht sogar überzüchtete Tiere wurden die letzten Saurier immer empfindlicher. Vor 73 Millionen Jahren, so rechnen einige Wissenschaftler vor, gab es im kanadischen Alberta noch 35 verschiedene Arten. Vor 68 Millionen Jahren hatten sich die Arten schon auf 20 bis 25 reduziert und vor 64 bis 65 Millionen Jahren zählten sie nur noch sechs.

Robert T. Bakker bezweifelt wiederum alle Katastrophentheorien und denkt eher an eine viel weniger spektakuläre Ursache: Krankheiten! In der Kreidezeit entwickelten sich viele Dinosaurierarten in isolierten ökologischen Nischen. Wenn sich dann die Umweltbedingungen veränderten und diese Arten, zum Beispiel der Herdendinosaurier Triceratops, zu wandern begannen brachten sie unbekannte Parasiten auf fremde Erdteile. Mag sein, dass empfindliche Arten allein daran zugrunde gingen. Warum starben aber rund 50 Prozent der Meeresbewohner?

Vielleicht hilft auch hier Computersimulation weiter. In einem Laborversuch stellten Urweltforscher zusammen mit Astrophysikern, die die Wechselwirkungen zwischen Weltraum und Erde erforschen, einen Asteroideneinschlag nach. Schon zehn Minuten später wären danach Staubwolken 100 Kilometer hoch geschleudert worden und die Erde wäre auf einer Fläche von 24 Monddurchmessern verdunkelt worden. Dieser „nukleare Winter" hätte für Monate, vielleicht für Jahre eine totale

Starben die Dinosaurier aus, weil riesige Staubwolken jahrelang den Himmel verdunkelten?

Sonnenfinsternis und extreme Minustemperaturen gebracht. Dabei wären Pflanzen und Tiere massenhaft ausgestorben. Doch der letzte Beweis hierfür fehlt noch, und solange er nicht erbracht ist, werden alle Hypothesen gleichberechtigt bleiben. Und trotz des Interesses für die faszinierenden Urwelttiere verspürt man auch so etwas wie Erleichterung. Ohne ihr Aussterben würde es uns schließlich heute gar nicht geben ...

Lebenskünstler unter den Tieren

Welche Fähigkeiten oder sonstige Qualitäten entscheiden über Untergang oder Überleben? Aus welchen Gründen starben die Dinosaurier und viele tausend andere Arten aus, Krokodile oder Schildkröten aber nicht? Die Forscher behaupten, dass eine Spezies normalerweise nur drei, zehn oder höchstens einmal 100 Millionen Jahre existieren kann. Fassungslos stehen sie dann aber vor „lebenden Fossilien", die es nahezu unverändert seit 570 Millionen Jahren auf der Erde gibt.

Diesen „Weltrekord" hält zum Beispiel der *Schwertschwanz,* die älteste lebende Tierart der Welt. Er entstand schon im Kambrium, also in der so genannten Steinkohlenzeit und lebt heute noch als eine Mischung aus Krebs und Spinne im Golf von Mexiko, um Neuguinea und die Philippinen sowie vor China.

Auch schon 400 Millionen Jahre alt ist der *Quastenflosser.* Das relativ verletzbare

Tier überlebte in der Tiefsee, während der ebenfalls im Devon das Meer bewohnende acht Meter lange Panzerfisch mit seinen Furcht erregenden Zähnen längst ausgestorben ist.

Die in Neuseeland lebende *Brückenechse* entstand vor 225 Millionen Jahren und der seltsame Urfrosch immerhin vor 190 Millionen Jahren, gleichzeitig also schon mit den Meeressauriern der Art Ichthyosaurus. Wie wir wissen, sind alle Meeressaurier seit langem aus den Ozeanen verschwunden – bis auf das

Reptil Schildkröte, das unsterblich zu sein scheint. Es sei denn der Mensch rottet diese Urtiere aus.

Wir können noch eine ganze Reihe lebender Fossilien aufzählen: den flugunfähigen Vogel Kiwi mit seinem ausgeprägten Geruchssinn, der vor 140 Millionen Jahren gleichzeitig mit Tyrannosaurus-Rex lebte; das Okapi, ein Verwandter der Giraffe; das Spitzhörnchen, Urahn von Affen und Menschen oder das am Amazonas lebende Fossil Tapir ...

Konzentrieren wir uns auf drei Tierarten, die aus der Zeit der Dinosaurier stammen: Schnabeltier, Krokodile und Alligatoren sowie die Vögel. Vielleicht bringen sie uns auf die Spur des Geheimnisses Leben.

Wie wir bereits gesehen haben, gelten heute die Schnabeltiere in Australien als Bindeglied zwischen Reptilien und Säugetieren. Sie passen also sozusagen in keine „Schablone" der Zoologen: Einerseits legen sie Eier, säugen aber ihre Jungen und das ohne echte Brustwarzen. Sie besitzen einen samtigen Pelz, aber dabei einen seehundförmigen Kopf mit langem Entenschnabel. Aus dem schildkrötenförmigen aber ungepanzerten Körper wachsen vier Stummelbeine mit Schwimmhäuten und krokodilähnlichen Krallen.

Einige Tierarten haben sich seit vielen Millionen Jahren nahezu unverändert erhalten. Zu den „lebenden Fossilien" zählen Schwertschwanz, Quastenflosser und Brückenechse (linke Seite) sowie Urfrösche, Schildkröten und der in Neuseeland lebende, flugunfähige Vogel Kiwi. Auch Schnabeltiere, Krokodile und Vögel gab es schon zur Zeit der Saurier.

Als die ersten Nachrichten über diese merkwürdigen Lebewesen und dann sogar präparierte Tiere nach Europa kamen, hielten die Forscher das zunächst für einen chinesischen Schabernack. Chinesische Händler hatten die Wissenschaft nämlich schon mehrfach genarrt, indem sie mit raffinierter Technik Körperteile verschiedener Tierarten zu einer „neuen" Spezies zusammennähten.

Inzwischen ist das extrem scheue Schnabeltier in Australien intensiv beobachtet und erforscht worden. Es scheint von den *Therapsiden,* den Säugetiervorläufern, abzustammen, die im Perm lebten und sich in der Trias teilweise zu echten kleinen Säugern entwickelten. Doch wie konnte sich dieses Fossil in unsere Zeit retten? Ein Grund dafür ist vielleicht die

Das australische Schnabeltier brütet seine Eier in einer Nisthöhle aus. Die Jungen werden mit zähflüssiger Milch ernährt, die aus dem Fell des Muttertieres sickert.

Tatsache, dass es in Australien kaum Feinde hat. Aber das war sicher nicht immer so, denn der australische Kontinent trennte sich ja bekanntlich erst im Jura und in der Kreidezeit endgültig von den anderen Erdteilen.

Schauen wir uns die seltsame Fortpflanzungsart der Tiere an: Das Schnabeltier legt, wie gesagt, gleich den Reptilien Eier, aber diese haben einen besonders großen Dotter. Dann zieht sich das Weibchen in eine weich ausgepolsterte, feuchtwarme Nisthöhle zurück, wo es sich auf den Eiern zusammenringelt um sie auszubrüten. Diese „klimatisierte" Nistkammer ist notwendig, weil das Schnabeltier strenggenommen eben kein Säugetier und Warmblüter ist, sondern seine Temperatur um die 32,2 Grad schwankt. Temperaturen anderer Säuger liegen zwischen 36 und 39 Grad.

Nach zehn Tagen schlüpfen dann die nackten und blinden, knapp zwei Zentime-

ter großen Jungen. Sie saugen nicht wie die echten Säugetiere an den Brustwarzen der Mutter, den Zitzen, sondern der zähflüssige, fettreiche Milchbrei der Mutter sickert aus schweißdrüsenähnlichen Poren einfach ins Fell. Wenn die Jungen nach 17 Wochen vollständig behaart sind und das Nest verlassen, müssen sie sich von da an ihre Nahrung selbst suchen. Die Brutpflege ist noch urtümlicher als bei Beuteltieren, primitiver sogar als bei manchen Dinosauriern.

Obgleich das Schnabeltier also mitten auf dem Weg vom Reptil zum Säugetier

Schnabeltiere leben und jagen fast ausschließlich im Wasser. Da die Augen nur sehr schwach sind, orientieren sie sich dabei hauptsächlich über den hervorragenden Tastsinn.

stehen blieb, war es überlebensfähig. Die einzige Verteidigungswaffe, die sie überhaupt besitzen, einen Giftsporn, haben nur die Männchen, die jedoch weder die Weibchen noch die Jungen schützen. Liegt es also an dem für seine Entwicklungsstufe erstaunlich großen Gehirn, dass diese Tiere sich bis heute hielten? Aber es fehlen die verbindenden Nervenstränge zwischen den beiden Hirnhälften, die an sich für höhere Intelligenz typisch sind.

Hat es stattdessen extrem ausgebildete Sinnesorgane? Auch das nicht: Der Geruchssinn ist eher schwach, die Augen sehen nur im Dämmerlicht scharf. Bleibt das vorzügliche Gehör, das eine Beobachtung und Annäherung fast unmöglich macht. Der erste Pluspunkt!

Aber das Schnabeltier lebt und jagt hauptsächlich unter Wasser. Es kann sogar länger als ein Delfin ohne Sauerstoff auskommen – zehn Minuten lang. Im Wasser nützt aber auch das Gehör ausgesprochen wenig, weil sich dann über Augen und Ohren des Schnabeltiers Hautfalten schließen.

Was bleibt ist der Tastsinn – und der muss wirklich phänomenal sein. Ein Schnabeltier braucht täglich etwa sein halbes Körpergewicht an Beutetieren. Deshalb gräbt und wühlt der Schnabel fast ununterbrochen im Schlamm oder schnappt zielsicher nach Kaulquappen, Garnelen und anderen kleinen Wassertieren – ohne Augen und Ohren!

Die Forscher fanden zwar tatsächlich an den äußeren Rändern des Entenschnabels extrem viele, sehr feine Nervenenden, können sich das Wunder der Futtersuche aber trotzdem nur schwer erklären. Der Schnabeltierexperte *Harry Burreil* denkt in diesem Zusammenhang sogar an etwas wie einen „sechsten Sinn". Was wissen wir schon von den Wahrnehmungen der Tiere, fragt er mit Recht, etwa vom Stereo-Warmsehen der Schlangen mit ihren beiden Zungenspitzen oder von der Farbwahrnehmung der Insekten?

Im Schnabeltier liegt also noch irgendeine Eigenschaft verborgen, die auch von den Forschern bislang nicht entdeckt wurde. Wie sieht es aber bei Krokodilen und Alligatoren aus? Vielleicht können wir von diesen noch lebenden Archosauriern Rückschlüsse auf manche Eigenschaft der Dinosaurier ziehen.

Krokodile und Alligatoren überlebten ebenfalls das Sauriersterben vor 65 Millionen Jahren, wie auch Kontinentalverschiebungen und Eiszeiten spurlos an ihnen vorübergingen. Sie zogen sich lediglich in Richtung Äquator zurück, wo sie bis heute keine gefährlichen Feinde haben – bis auf den Menschen.

Im Gegensatz zum Schnabeltier entdeckten die Forscher an ihnen eine Menge guter Gründe für die lange Überlebensdauer dieser gepanzerten Echsen. Zum Beispiel sind sie die effektivsten „Kampfmaschinen": 51 Prozent des Körpergewichts entfallen auf die Muskeln, 20 Prozent macht die gepanzerte Haut aus, das Gehirn dagegen gerade 0,08 Prozent.

Meistens liegt so ein Alligator im Wasser auf der Lauer. Nur Augen, Ohren und Nase ragen heraus. Sobald sich ein Tier nähert, schnellt der Räuber sich mit einem gewaltigen Schwanzschlag nach vorn und schlägt den Kiefer mit seinen 82 messerscharfen Zähnen in die Beute. In den seltenen Fällen, in denen sie nicht sofort tot ist, zerrt der Alligator sie unter Wasser und wartet, bis sie ertrunken ist. Er selbst besitzt einen Sauerstoffvorrat bis zu einer Stunde.

Einige Eigenschaften ergeben Parallelen zu den Dinosauriern, beispielsweise beim

Paarungsverhalten. Es beginnt mit einem gewaltigen Schrei, bei dem der Alligator mit geschlossener Schnauze „bellt" und die ganze Kehle so vibriert, dass es kilometerweit zu hören ist. Das klingt beinahe wie das Dröhnen eines Düsentriebwerkes. Vielleicht ist das ein wichtiger Beitrag zu der Diskussion, ob Dinosaurier „Töne" von sich geben konnten. Es ist sehr wahrscheinlich, dass bei den gigantischen Kämpfen zwischen Raubsauriern wie Tyrannosaurus und gewaltigen Sauropoden die Savannen vom Angriffsgebrüll und von Todesschreien widerhallten.

Auch die Brutpflege ist bei Krokodilen intensiver als lange Zeit angenommen.

Das riesige Urzeitkrokodil Deinosuchus zerfleischt einen Bactrosaurus. Verhalten und Aussehen der Krokodile haben sich seit 200 Millionen Jahren kaum verändert.

60 Tage nach der Befruchtung gräbt das Weibchen einen Schacht, formt mit den Hinterbeinen eine Höhle und lässt in Abständen von 30 Sekunden bis zu 78 Eier hineingleiten, die etwas größer als Hühnereier sind und eine dicke, lederartige Haut haben.

Das Geschlecht des Nachwuchses wird von der Bruttemperatur bestimmt: Liegt sie unter 30 Grad, schlüpfen weibliche, bei mehr als 34 Grad ausschließlich männliche Alligatoren. Nach rund zwei Monaten entwickelt der 20 Zentimeter große Alligator dann einen sogenannten Eizahn, mit dem er die Schale aufreißt. Er kriecht in die Nesthöhle und grunzt. Auf dieses Zeichen kratzt die Mutter hastig das Nest mit ihren Krallen auf.

Für Nahrung müssen die jungen Alligatoren von Anfang an selbst sorgen. Sie

fangen kleine Fische, Schnecken und Insekten. Aber bei Gefahr quietschen die Jungen erbärmlich und rufen sofort um Hilfe. Das Weibchen reißt daraufhin sein Maul auf und lässt die Jungen hineinklettern. Mindestens ein Jahr lang, manchmal auch zwei, kümmert sich die Mutter aufopfernd um ihren Nachwuchs. Es kann aber auch passieren, dass sie ihn bei Nahrungsmangel einfach auffrisst!

Man sieht: Eine aufmerksame Brutpflege, wie sie bei Entenschnabelsauriern angenommen wird und wohl aufgrund der Fossilien inzwischen als bewiesen gilt, war vor 100 Millionen Jahren gar nichts Besonderes.

Trotz seines überaus kleinen Gehirns verfügt ein Alligator doch über erstaunliche Intelligenz. Das wird schon dadurch bewiesen, dass er im nassen Sommer bereits für die Trockenzeit im Winter vorsorgt. Die Tiere baggern sich nämlich im Schlamm große, wannenartige Löcher aus; oft sind es sogar zirka sechs Meter lange Höhlen. Der Eingang liegt normalerweise in Höhe der Wasseroberfläche, das Ende mit einer Luftblase etwas höher. Im Sommer dient dieses Loch nur als Fluchtburg, im Winter bleibt es dagegen angenehm feucht, so dass sich bei großer Trockenheit sogar andere Tiere hineinflüchten. Viele können überhaupt nur so in der Hitze überleben, müssen dafür aber in Kauf nehmen, dem schlauen Alligator notfalls als Nahrung zu dienen. Meistens handelt es sich bei diesen Tieren um Fische, manchmal auch um Schildkröten, Waschbären, Otter und Eidechsen.

Man sieht, dass Krokodil wie Alligator sich im Laufe der Jahrmillionen äußerst

erfolgreich entwickelt haben und an ihre Umwelt bestens angepasst sind. Wäre da nicht der Mensch, hätten sie wohl auch in den nächsten 100 Millionen Jahren keine Probleme. Ähnlich verhält es sich mit den Vögeln, den „Dinosauriern mit Federn", wie man ihren Urahn, den Archaeopteryx, gerne nennt.

Die Vögel entwickelten sich zu einer der erfolgreichsten Tiergruppen überhaupt. Man kann sie, wie übrigens auch die Krokodile und Alligatoren, eigentlich nicht mehr als lebende Fossilien bezeichnen. Denn dazu haben sie sich zu sehr verändert, immer wieder neuen Umweltbedingungen angepasst und mit der Zeit alle ökologischen Nischen besetzt. Viele Vogelarten starben bei diesem Prozess allerdings auch aus.

Heute zählt man die Vögel nicht mehr zu den Reptilien, aber wie wir wissen, stammen sie alle von kleinen fleischfressenden Dinosauriern ab, den Hohlknochensauriern (Coelurosauriern). Trotzdem ist es immer wieder verblüffend, wenn man sich klarmacht, dass es praktisch keinen Unterschied zwischen dem Ungeheuer Tyrannosaurus- Rex mit seinen 18 Zentimeter langen Zähnen und einem winzigen, nektartrinkenden Kolibri gibt. Sowohl im Knochenbau als auch im Verhalten sind sich Vögel und Saurier sehr ähnlich. Die Evolution steckt eben voller Wunder und voller Geheimnisse.

Auch das zählt zu den Wundern in der Tierwelt: Der winzige Kolibri und der fürchterliche Raubsaurier Tyrannosaurus-Rex gehen auf einen gemeinsamen Vorfahren zurück.

Wo man Dinosaurier besichtigen kann

Fast 200 Jahre Dinosaurierfieber haben eindrucksvolle Funde und wissenschaftliche Erkenntnisse gebracht. In zahlreichen Museen können rekonstruierte Skelette, Gipsabdrücke, Knochen oder Fußabdrücke besichtigt werden. Die folgende Übersicht nennt Museen und deren wichtigste Ausstellungsstücke in Deutschland, dem restlichen Europa, in Nordamerika und in der übrigen Welt.

Deutschland

Berlin: *Naturgeschichtliches Museum der Humboldt-Universität*

Hier steht als größtes Skelett der Welt, das eines Brachiosaurus. Diese „Armechsen" wurden 23 Meter, vielleicht sogar 27 Meter lang, wogen bis zu 100 Tonnen und lebten im späten Jura. Außerdem ist dort noch zu besichtigen: Dicraeosaurus („gegabelte Echse"), mit 13 bis 20 Metern etwas kürzer als Diplodocus. Er stammt aus der Zeit des späten Jura.

Elaphrosaurus, ein drei bis vier Meter langer Straußendinosaurier, der im Jura- und Kreidezeitalter lebte.

Dryosaurus („Eichenechse"), einer der größten Hypsilodontiden, der schnellste Läufer der Dinosaurierzeit. Später Jura.

Gezeigt wird auch der „Vogeldinosaurier" Archaeopteryx, die Übergangsform zwischen Reptilien und Vögeln.

Frankfurt am Main: *Senckenberg-Museum der Naturgeschichte*

Hier ist Europas einziger Edmontosaurus oder Anatosaurus zu sehen, ein mumifizierter Entenschnabel-Hadrosaurier, der bis zu 13 Meter lang werden konnte. Der lange Kopf mit dem flachen Gesicht hatte vermutlich aufblasbare Hautlappen, die das Bellen oder Rufen der Tiere verstärkten.

Weiter werden gezeigt: ein Diplodocus, Skelette des Plateosaurus, der Schädel eines Triceratops, der Skelettabguss eines Iguanodons (demnächst auch von Stegosaurus und Triceratops) sowie Schädelabgüsse des Tyrannosaurus und Protoceratops.

München: *Bayerische Landesanstalt für Paläontologie und Historische Geographie*

Hier steht das Skelett eines Compsognathus („hübscher Kiefer"). Er gehörte mit seinen 60 Zentimetern zu den kleinsten Dinosauriern und ist ähnlich gebaut wie

Schädel eines Entenschnabelsauriers, von dem zahlreiche Fossilien gefunden wurden

der Vogeldinosaurier Archaeopteryx. Der Fundort lag in Südwestdeutschland.

Stuttgart: *Landesmuseum für Naturgeschichte*

Ausgestellt sind einige frühe Dinosaurier, die in Deutschland und Tansania gefunden worden sind, sowie Skelette von Plateosaurus („Flachechse"), einem bis zu acht Meter langen Prosauropoden mit flachen, spitzen Zähnen und kurzem Hals, der in der späten Trias lebte.

Tübingen: *Institut und Museum für Geologie und Paläontologie*

Das Museum zeigt ebenfalls Plateosaurusskelette, außerdem Teile eines Diplodocus („Doppelbalken"), mit bis zu 27 Metern einer der längsten Dinosaurier überhaupt. Er wog mehr als zehn Tonnen und lebte im späten Jura. Weiter zu sehen: Abgüsse von Coelophysis („Hohlform"), einem drei Meter langen Hohlknochensaurier (Coelurosaurier) aus der späten Trias, und Hypsilophodon, einer „Gazelle" unter den Dinosauriern, die in der Kreidezeit vorkamen. Außerdem sind noch Schädelabgüsse von Tyrannosaurus und Iguanodon zu sehen.

Restliches Europa

Belgien

Brüssel: Im *Königlichen Institut der Naturwissenschaften* ist die größte Sammlung von Iguanodons zu sehen.

Frankreich

Paris: Im *Nationalmuseum der Naturgeschichte* sind fossile Eier des Hypselosaurus und des Proceratops zu sehen.

Außerdem: Abgüsse von Allosaurus, dem Tiger der Urzeit aus dem späten Jura, zehn bis zwölf Meter lang und bis zu fünf Meter hoch, von Compsognathus, Diplodocus, Iguanodon und Tarbosaurus („beängstigende Echse"), einem Tyrannosaurier von zehn bis vierzehn Meter Länge. Daneben besitzt das Museum noch Fossilien des Triceratops.

Oberkiefer eines Tyrannosaurus-Rex

Großbritannien

London: *Im British Museum of Natural History (naturgeschichtliches Museum)* sind zahlreiche Skelette von Iguanodon und Hypsilophodon zu sehen, außerdem die fossile Haut eines Euoplocephalus („gut gepanzerter Kopf"), eines Panzerdinosauriers aus der späten Kreide. Ferner findet man dort Abgüsse von Diplodocus, Gallimimus („Huhnnachahmer"), einem Straußendinosaurier und Triceratops sowie Proceratopseier. Hier befindet sich insgesamt eine der größten Fossiliensammlungen der Welt.

London: *Crystal Palace Park*

Hier kann man besichtigen, wie sich die Forscher einige Dinosaurier noch vor etwas mehr als 100 Jahren (1854) vorgestellt haben.

Oxford: *Universitätsmuseum*

Es zeigt Reste der Carnosaurier (Fleischfresser) Megalosaurus, Mericanthosaurus und Europas vollständigsten Theropoden (Wildfüßer), ein Eustreptospondylus. Außerdem zu sehen ist der große Sauropode Cetiosaurus („Walechse"), der 14 bis 18 Meter lang wurde und bis zu zehn Tonnen wog; ein Camptosaurus, der Stegosaurier Dacentrurus („Schwanz mit Spitzen") und der Abguss eines Iguanodons sind ebenfalls vertreten.

Schädel eines Triceratops

Polen

Warschau: Paläobiologisches Institut *der Akademie der Wissenschaften*

Hier stehen einige sehr gut erhaltene Dinosaurier, fast alle aus einem der größten Fundorte der Welt, der Wüste Gobi.
Sowjetunion

Leningrad: *Zentralmuseum für Geologie und Lagerstättenkunde*

Das Museum zeigt einen Entenschnabelsaurier aus der Mandschurei und den Abguss des Sauropoden Diplodocus.

Moskau: *Paläontologisches Museum*

Es zeigt fünf Carnosaurier aus der Mongolei.

Nordamerika

Vereinigte Staaten von Amerika

Buffalo (New York): *Buffalo Museum of Science*

Zu besichtigen sind Abgüsse von Triceratops und Psittacosaurus („Papageienechse"), ein Hypselosaurusei, ein junger Allosaurier sowie zahlreiche Knochen, Hautabdrücke, Zähne, Fußspuren und sogenannte Magensteine, mit denen manche Saurier ihre Nahrung zerkleinerten.

Cambridge (Massachusetts): *Harvard-Universität*

Hier ist Nordamerikas beste Sammlung von Reptilien aus dem frühen Mesozoikum ausgestellt. Darunter Staurikosaurus („Kreuzechse"), eine Zwischenform zwischen Fleisch- und Pflanzenfresser aus der mittleren bis späten Trias.

Chicago (Illinois): *Field Museum of Natural History*

Zu besichtigen sind die Skelette eines fleischfressenden Albertosaurus, der zu den Tyrannosauriden gehörte, und vermutlich seines Opfers, eines 12 bis 15 Meter langen Lambeosauriers, der zu den pflanzenfressenden Entenschnabelsauriern gehörte. Ferner sind ein Apatosaurier und ein Proceratops sowie Schädel von Horndinosauriern zu sehen. Dazu gibt es noch Theropodenfußabdrücke und den Abguss eines Diplodocus.

Denver (Colorado): *Denver Museum of Natural History*

Zu sehen sind Skelette von Diplodocus, Stegosaurus, Tyranno- und Edmontosaurus.

Jensen (Utah): *Dinosaur National Monument*

Eine Art Freilichtmuseum mit zahlreichen Canyons, in deren Steinbrüchen etwa 2000 Dinosaurierknochen versteinert sind und von Forschern und Studenten freigelegt werden. Unter den Fossilien aus dem späten Jura sind die Carnosaurier Allosaurus und Ceratosaurus, die Sauropoden Apatosaurus, Camarasaurus und Diplodocus, die Ornithopoden Camptosaurus und Dryosaurus sowie ein kleiner Plattendinosaurier vom Typ Stegosaurus vertreten.

Los Angeles (Kalifornien): *Los Angeles County Museum of Natural History*

Skelette des Fleischfressers Dilophosaurus („Echse mit zwei Kämmen"), des Allosaurus, der einen Comptosaurus angreift, der Entenschnabelsaurier Corythosaurus und Edmontosaurus, sowie Schädel des Tyrannosaurus und des Oarasaurolophus, ebenfalls ein Entenschnabel, sind ausgestellt.

New Haven (Connecticut): *Peabody Museum of Natural History (Yale-Universität)*

Hier ist ein großer Teil der Beute von Othniel Charles Marsh zu sehen, der im vorigen Jahrhundert im Wilden Westen auf Dinosaurierjagd war. Unter anderem stehen dort Skelette der großen Sauropoden Apatosaurus und Camarasaurus, der Ornithopoden Othniella, Tenontosaurus, Camptosaurus, Claosaurus und Edmontosaurus, sowie von Stegosaurus und Monoclonius. Außerdem sind Schädel von Horndinosauriern wie Chasmosaurus, Torosaurus und Triceratops ausgestellt.

New York City (New York): *American Museum of Natural History*

Hier wartet die größte Dinosauriersammlung der Welt auf Besucher. Sie enthält unter anderem vollständige Skelette der Coelurosaurier Coelophysis,

Aufgrund vieler Skelettfunde gehört Stegosaurus zu den bekanntesten Dinosauriern.

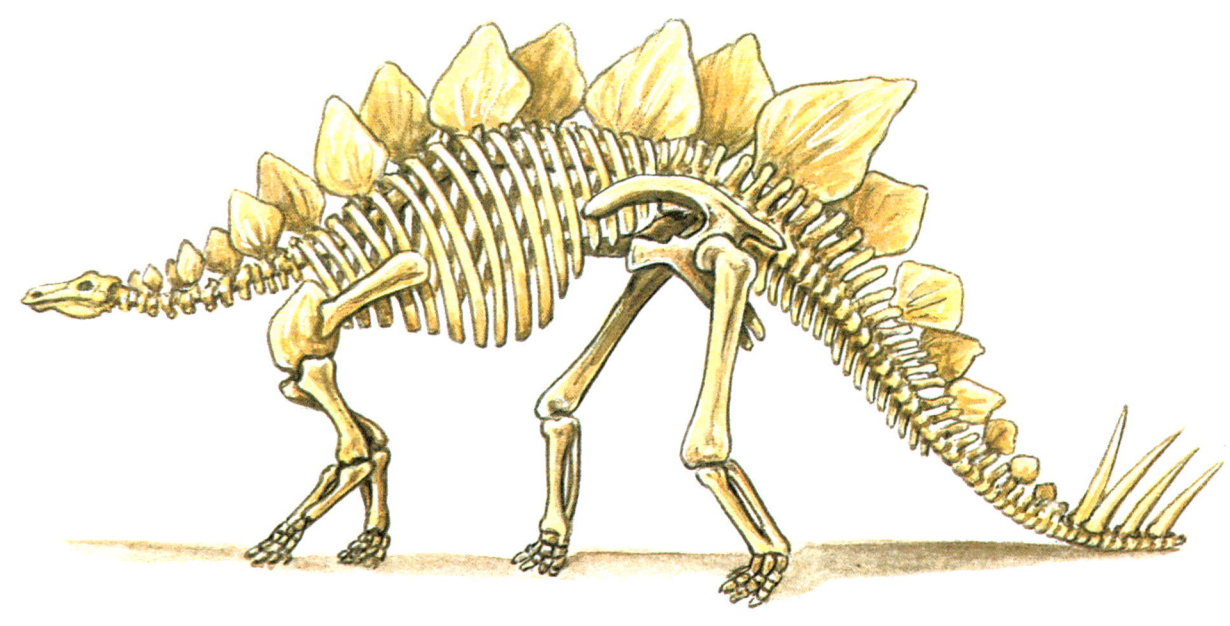

175

Ornitholestes und Struthiomimus, aber auch von Carnosauriern wie Albertosaurus, Allosaurus und Tyrannosaurus, des Prosauropoden Plateosaurus, des Sauropoden Apatosaurus, der Ornithopoden Camptosaurus, Corythosaurus und Edmontosaurus. Außerdem findet man dort Platten- und Panzerdinosaurier, Horndinosaurier und zahlreiche fossile Spuren, Hautabdrücke und Eier.

Pittsburgh (Pennsylvania): *Carnegie Museum of Natural History*

Einige sehr gute Fossilien aus dem späten Jura, darunter zehn vollständige Skelette folgender Arten: von den Carnosauriern Allosaurus und Tyrannosaurus, von den Sauropoden Apatosaurus, Camarasaurus und Diplodocus, von den Ornithopoden Camptosaurus, Corythosaurus und Dryosaurus, sowie von dem Horndinosaurier Proceratops und dem Plattendinosaurier Stegosaurus. Zusätzlich besitzt die Sammlung noch zahlreiche Schädel, Knochen und Gipsabgüsse.

Salt Lake City (Utah): *Utah Museum of Natural History*

Es enthält zwei Allosaurier und einen Camptosaurier aus dem berühmten Lloyd-Steinbruch, in dem bisher mehr als 10 000 Dinosaurierknochen geborgen wurden.

Washington, D. C. (Smithsonian Institution): *National Museum of Natural History*

Im Dinosauriersaal sieht man Skelette der Carnosaurier Albertosaurus, Allosaurus, Dilophosaurus und Tyrannosaurus, der Sauropoden Camarasaurus und Diplodocus, der Ornithopoden Camptosaurus, Corythosaurus und Edmontosaurus, sowie Skelette des Stegosaurus und

der Horndinosaurier Brachyceratops und Triceratops.

Kanada

Calgary (Alberta): *Im Zoologischen Garten* sind in einem Freilichtpark 50 lebensgroße Modelle von Dinosauriern zu bewundern.

Edmonton (Alberta): *Provincial Museum of Alberta*

Gezeigt werden lebensgroße Modelle des Corythosaurus, des Straußendinosauriers Struthiomimus und vom Panzerdinosaurier Ankylosaurus.

Ottawa (Ontario): *National Museum of Natural Sciences*

Hier findet man die am besten erhaltenen Skelette von Styracosaurus und Anchiceratops. Außerdem sind zu sehen: Leptoceratops, Triceratops, Entenschnabeldinosaurier, der Thescelosaurus („wundervolle Echse") und das Modell des kleinen Theropoden Stenonychosaurus.

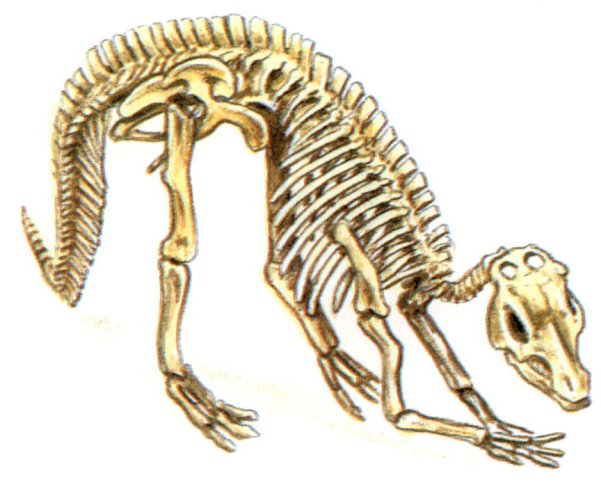

Geradezu in Massen wurden Hadrosaurierfossilien gefunden. Sie waren die häufigsten Saurier auf der Nordhalbkugel der Erde.

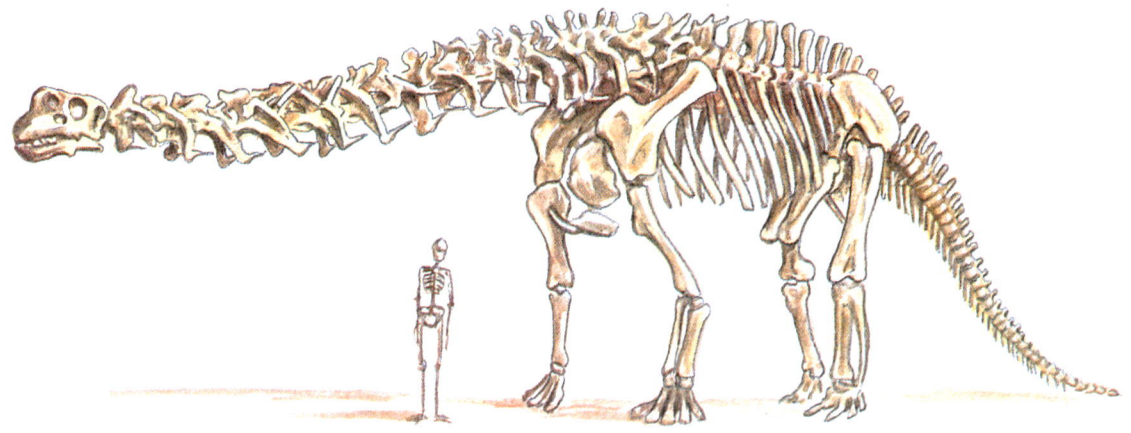

Toronto (Ontario): *Royal Ontario Museum*

Hier ist Kanadas größtes Museum mit Dinosauriergalerie. In drei Räumen sind 13 freistehende Skelette vor dem Hintergrund ihrer natürlichen Umwelt aufgestellt: ein Camptosaurus, zwei Allosauride, die einen Stegosaurus angreifen, ein Albertosaurus, drei Entenschnäbel, ein Horndinosaurier und der Straußendinosaurier Ornithomimus. Außerdem kann man noch Edmontosaurus, Prosaurolophus und Hadrosaurus besichtigen.

Restliche Welt

China

Peking: *Naturgeschichtliches Museum*

Ausgestellt sind fünf Skelette von Dinosauriern, die in China gefunden worden sind, darunter ein Sauropode, ein Carnosaurier, ein riesiger Entenschnabel und die Papageienechse Psittacosaurus.

Zigong: Eines der neuesten Dinosauriermuseen wurde erst 1987 eröffnet. Es wurde auf dem Gelände des Steinbruchs

Skelett eines Brachiosaurus und eines Menschen im Größenvergleich

von Dashanpu in der Provinz Sechuan errichtet. Hier wurden seit 1979 über 8000 Knochen von mehr als 100 einzelnen Tieren gefunden, die zwölf verschiedenen Dinosaurierarten angehören. Die Ausstellung gibt einen Überblick über die Funde und den Fortschritt der Ausgrabungen.

Japan

Tokio: *Nationalmuseum der Wissenschaften*

Dort ist eine ständige Dinosaurierausstellung untergebracht.

Mongolei

Ulan Bator: *Staatliches Zentralmuseum*

Hier findet man Dinosaurierskelette und Fossilien ausgestellt, die in der Wüste Gobi mumifiziert worden sind.

Schädel eines Ceratosaurus

Die Einteilung der Dinosaurier

Bei den Dinosauriern unterscheidet man zwei Ordnungen: die *Saurischier* und die *Ornithischier.*

Benannt und unterschieden wurden sie nach dem Knochenbau des Hüftgürtels (siehe Kasten: Der Unterschied zwischen Echsenbecken- und Vogelbeckendinosauriern).

Bei den Saurischiern, den Sauriern mit Echsenbecken, gibt es wiederum zwei Unterordnungen: *Sauropodomorphe* (Echsenfüßer) und *Theropoden* (Wildfüßer). Die Sauropodomorphen sind Vierbeiner und meistens Pflanzenfresser. Zu ihnen gehören als Teilordnungen die *Prosauropoden* und *Sauropoden.*

Die Theropoden sind dagegen gewöhnlich Zweibeiner und Fleischfresser. Wichtige Teilordnungen von ihnen sind kleine, leichtgebaute *Coelurosaurier* (Hohlknochensaurier) und *Carnosaurier* (Fleischechsen).

Die Ornithischier, die Dinosaurier mit den Vogelhüften, unterscheidet man in zweibeinige *Ornithopoden* (Vogelfüßer) und vierfüßige, gepanzerte *Ornithischier.*

Anhand der Funde konnte man bislang über 300 Dinosauriergattungen rekonstruieren.

Schematische Darstellung der Dinosauriereinteilung in Saurischier und Ornithischier.

Saurischier

Sauropodomorphe

Theropoden

Prosauropode   Sauropode   Cuelurosaurier   Carnosaurier

Ornithischier

Ornithopoden   Ornithischier

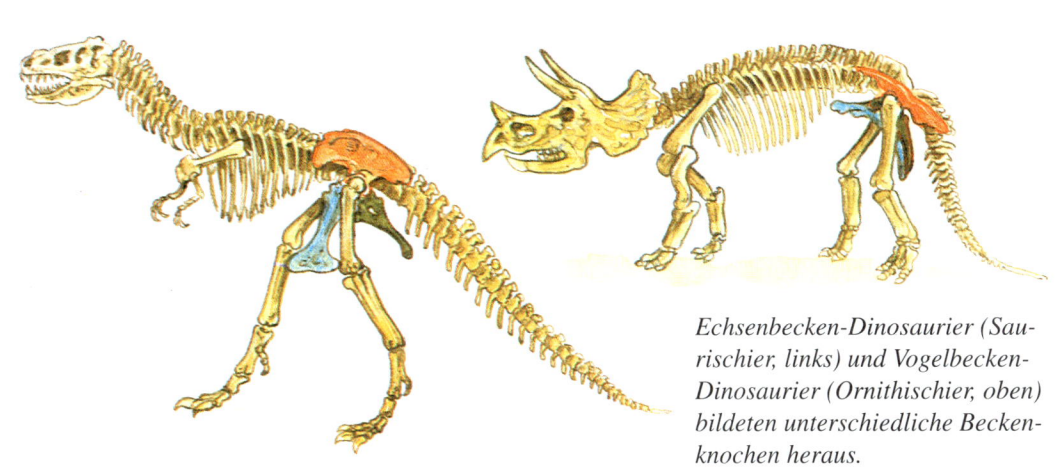

Echsenbecken-Dinosaurier (Saurischier, links) und Vogelbecken-Dinosaurier (Ornithischier, oben) bildeten unterschiedliche Beckenknochen heraus.

Der Unterschied zwischen Echsenbecken und Vogelbecken-Dinosauriern

Der Hauptunterschied zwischen diesen beiden Ordnungen lässt sich sehr gut an den gefundenen Knochen ablesen: Zum einen waren die Beckenknochen, zum anderen der Schädel so völlig anders gebaut, dass manche Forscher daran zweifeln, dass auch die Ornithischier von den gleichen Vorfahren (den Thecodontiern) abstammen wie die Saurischier. Andererseits weisen manche Gelenke wieder große Ähnlichkeiten und Parallelen zu ihnen auf. Vielleicht wird dieser Streit eines Tages durch neue Funde entschieden.

Zählen wir die Unterschiede im Einzelnen einmal auf: Bei den Echsenbecken-Dinosauriern ist im Beckengürtel das Darmbein mit der Wirbelsäule verbunden. Das Schambein ist nach vorne und das Sitzbein abwärts gerichtet. Bei den Vogelbeckendinosauriern hat sich das Schambein dagegen nach hinten verschoben und liegt am Sitzbein an. Dafür hat sich gleichzeitig ein neues, nach vorn gerichtetes Knochenstück entwickelt (siehe Zeichnung).

Der Name „Ornithischier" wurde gewählt, weil die Beckenknochen bei diesen Dinosauriern genauso angeordnet sind wie heute bei unseren Vögeln. Trotzdem stammen die Vögel aus einer anderen Entwicklungslinie, nämlich von den fleischfressenden Coelurosauriern (also Echsenbeckensauriern) ab.

Der zweite Unterschied besteht in einem Knochen, den man *Praedentale* nennt. Er liegt im vorderen Kieferteil, wo die ansonsten vorzüglich für Pflanzenkost geeigneten kleinen, scharfen Zähne fehlen. Dafür saß aber auf dem Praedentale ein scharfer Hornschnabel zum Zerschneiden von harten Zweigen.

Der kleine Vogelbecken-Dinosaurier Heterodontosaurus besaß sogar schon richtige Kauzähne wie die Säugetiere. Aus ihm und Fabrosaurus, einem einen Meter langen Ornithischier mit langen, schlanken Hinterbeinen und viel kürzeren Vorderbeinen, entwickelten sich unzählige Arten von schnellen, meistens auf zwei Beinen laufenden Pflanzenfressern, die im Jura, vor allem aber in der Kreidezeit in großen Herden fast die ganze Welt besiedelten. Die Ornithopoden überlebten insgesamt 148 Millionen Jahre.

Die Saurischier

Sauropodomorphe

Die Prosauropoden

Lange Hälse und Schwänze, kleine Köpfe, aber massige Körper – so sahen die „Vorgänger der Echsenfüßer", die sogenannten *Prosauropoden,* aus. Sie lebten von der mittleren Trias bis zum frühen Jura. Die kleinsten ihrer Art, die Mausechsen, waren nur zwei bis drei Meter lang, die größten, zum Beispiel Euskelosaurus, erreichten mehr als zwölf Meter. Sie besaßen starke Hinterbeine mit fünfzehigen Füßen, die schlanken Vorderbeine dagegen endeten in Pfoten mit fünf „Fingern". Bei vielen Tieren war der Daumen zu scharfen, gebogenen Klauen umgebildet, die vielleicht zum Wurzelausgraben dienten. Die dreieckigen Zähne waren noch nicht besonders gut zum Kauen geeignet. Deshalb verschluckten die Saurier Steine, die das Futter im Magen zermahlten. Manche Wissenschaftler nehmen an, dass zumindest einige der Prosauropoden auch Fleisch gefressen haben.

Staurikosauride
Diese Kreuzechsen, die nach dem Kreuz des Südens benannt sind, haben Merkmale von Fleisch- und von Pflanzenfressern. Sie gelten wohl als die frühesten Echsenhüften-Dinosaurier (Saurischier). Man hält sie für zweibeinige Jäger, die länger als ein Mensch, aber nur etwa so schwer wie ein Schäferhund waren. Die

Einer der größten Prosauropoden war Euskelosaurus, der bis zu zwölf Meter lang werden konnte.

Staurikosaurus war ein flinker Fleischfresser und lebte in der mittleren Trias.

einzige bisher entdeckte Gattung, der Staurikosaurus, lebte in Südamerika. Er hatte lange Hinterbeine, einen sehr langen, dünnen Schwanz und einen relativ großen Kopf. Bei einer Größe von zwei Metern wog er etwa 30 Kilo.

Herrerasauride

Auch sie besaßen scharfe Zähne, fraßen vermutlich ebenfalls noch Fleisch, doch ihre Vorderbeine waren länger. Auch im Knochenbau der Hüften und Oberschenkel unterscheiden sie sich von vielen anderen Prosauropoden. Manche Wissenschaftler halten sie für die echten Vorfahren der Sauropoden.

Herrerasaurus

Die Herreraechse lebte im heutigen Argentinien. Sie hatte spitze, sichelförmige Zähne, wurde etwa drei Meter lang und wog dabei bis zu 100 Kilogramm.

Ischisaurus

Die Ischigualastoechse wurde nach einem Triasgestein in Argentinien benannt. Sie erreichte eine Größe von etwa zwei Meter.

Sinosaurus

Die chinesische Echse lebte in der späten Trias und wurde schätzungsweise 2,4 Meter lang. Besonders auffällig ist ihr langer Unterkiefer.

Anchisauride

Die „Beinaheechsen" hatten besonders leicht gebaute Schädel. Obgleich mit zwei bis zweieinhalb Meter größer als ein Mensch, wogen sie nicht einmal halb soviel. Etwas längere Hinterbeine, schmale „Hände" und Füße mit Daumen, die zu gewaltigen Klauen geworden sind, weisen sie als Prosauropoden aus. Anhand von Spuren weiß man, dass sie manchmal auf den Hinterbeinen liefen. Sie bevölkerten vor allem die trockenen Hochebenen von Nordamerika, Westeuropa, Südafrika und Australien. Einige Forscher halten diese Sammler und Jäger aber nur für Jungtiere der Plateosauriden.

Anchisaurus

Diese „Beinaheechse" besaß ein Gebiss mit mehr Zähnen als ihre Vorfahren, die Thecodontosaurier. Allerdings waren diese wohl ziemlich stumpf, konnten aber zumindest Pflanzen und weiches Fleisch kauen. Die zwei Meter langen und rund 25 Kilo schweren Tiere lebten in den USA und in Südafrika.

Efraasia

Der nach E. Fraas benannte Saurier ist ein gutes Beispiel für die Experimentierfreude der Natur. Einmal unterscheiden sich seine Hüft- und Schwanzknochen von denen des Anchisaurus, außerdem fungierten nur zwei Wirbel als Verbindung von Rückgrat und Hüften. Alle anderen Echsenhüften-Dinosaurier besaßen an dieser Stelle sonst mehrere. Er brachte es auf eine Länge von 2,4 Metern. Die Fundorte liegen in Südwestdeutschland.

Nyasasaurus

Die Nyasaechse, die man in Tansania gefunden hat, gehört zu den frühesten Dinosauriern überhaupt. Sie hatte zum Beispiel drei Wirbel zwischen Rückgrat und Hüfte. Die Tiere erreichten eine Länge von schätzungsweise zwei Metern.

Thecodontosaurus

Die „Echse mit Hülsenzähnen" besaß mehr Zähne als Anchisaurus und auch schmalere, längere Hände. Das ebenfalls rund zwei Meter große Tier lebte in England, Südafrika und Australien.

Mit ihren langen Fingern konnte Efraasia nach kleinen Pflanzen oder nach Blättern greifen.

Von Plateosaurus hat man in Westeuropa zahlreiche, gut erhaltene Skelette gefunden.

Plateosauride

Der Körper dieser Sauriden zeigte einen ähnlichen Aufbau wie der der Anchisauriden, aber größer und mit stärkeren Schädeln, besseren Kiefern sowie breiteren Händen und Füßen. Auch an ihren flachen Zähnen kann man den Übergang zu den Pflanzenfressern ablesen. Nebenbei ernährten sie sich aber wohl trotzdem auch von Fleisch. Gefunden wurden ihre Fossilien in Amerika, Europa, Afrika und Asien. Zu den Plateosauriden gehören folgende Arten:

Ammosaurus, eine Sandechse mit kleinen Füßen, aber großen Händen, deren Daumen zu starken Klauen umgebildet sind. Länge: 2,4 Meter.

Aristosaurus („beste Echse") mit abweichenden Hüft- und Wirbelsäulenknochen. Dieses Tier wurde nur etwa anderthalb Meter lang.

Coloradisaurus (Coloradusechse) ist nach Triasgesteinen in Argentinien benannt. Das Tier hatte eine auffallend kurze Schnauze. Seine Länge: vier Meter.

Euskelosaurus („Echse mit guten Schenkeln") ist dagegen ein 12 bis 13 Meter langer Saurier, den man lange Zeit für den Vorläufer der großen Sauropoden hielt. Diese Dinosaurier waren eindeutig Vier-

183

beiner und wogen fast zwei Tonnen. Der Fundort der Skelette lag in Südafrika.

Lufengosaurus (Lufengechse) aus Südchina wurde bis zu sechs Meter lang. Den Körperbau kennzeichneten kräftige Hände, breite Füße und Zähne mit großen Zwischenräumen.

Massospondylus („massive Wirbelsäule") war eine Art, die am häufigsten in Südafrika verbreitet war. Die Länge der Tiere betrug vier Meter. Ein besonderes Merkmal waren die Hände mit weit auseinanderstehenden Fingern und kräftig gebogenen Klauen als Daumen.

Plateosaurus („Flachechse") wurde bis zu acht Meter lang. Kennzeichnend für den Körperbau waren die breiten Füße und der kräftige Kopf.

Die Riojaechse gehörte zu den größten und schwersten Prosauropoden.

Roccosauride

Einige der Forscher glauben, dass diese Prosauropoden zu den Melanorosauriden gehören. Sie besitzen ungewöhnlich scharfe Zähne und eine sehr feste, kräftige Verbindung zwischen den Hüften und dem Rückgrat. Zu ihrer Gruppe gehört die vierfüßige *Riojaechse* (Riojasaurus) aus Argentinien, die bis zu elf Meter lang werden konnte, die *Roccoechse* (Roccosaurus) mit Zähnen wie ein Carnosaurier (Fleischfresser) und die *Thotoboloechse* (Thotobolosaurus), die fast schon einen großen Sauropoden darstellte.

Als Sonderformen unter den Prosauropoden gelten die *Mussauriden* („Mausechsen"), die wohl die kleinsten Dinosaurier

darstellen, die je gefunden wurden. Damals lebten sie an der Südspitze Amerikas, das noch mit Afrika zusammen einen Superkontinent bildete. *Mussaurus* („Mausechse") bekam nur 20 Zentimeter große Junge. Ein anderer Maussaurier, die *Blikanaechse,* hatte kurze Gelenkknochen und einen großen, nach vorne zeigenden Zeh.

Die Sauropoden

Diese „Echsenfüßer" (Sauropoden) waren friedliche Pflanzenfresser. Die größten unter ihnen wurden bis zu 30 Meter lang, erreichten eine Kopfhöhe von 16 Meter und wogen mehr als 100 Tonnen.

Vier säulendicke Beine trugen diese Last durch die Wälder und Savannen, und an jedem Daumen der Hinterfüße saß eine gefährliche Klaue. Allein der Hals sowie der peitschenartige Schwanz konnten zwölf Meter lang sein. Schon ein einziger Schulterknochen erreichte 2,4 Meter, der größte Wirbel maß eineinhalb Meter. Um wenigstens etwas Gewicht einzusparen, hatten die Knochen des Rückgrats daher tiefe Höhlen. Die Köpfe waren meistens kleiner als der eines Pferdes und das Gehirn war mit dem einer Katze noch gerade vergleichbar.

Die Sauropoden lebten im Jura und in der Kreidezeit vor allem in Nordamerika, Ostafrika und China. Vermutlich weideten

sie am liebsten die üppige Vegetation an den Ufern von Flüssen und Seen ab. Es gilt heute in der Wissenschaft als gesichert, dass sie sich überwiegend auf dem Lande aufhielten. Mit ihren kranartigen Hälsen erreichten sie dort selbst die höchsten Äste. Außerdem weiß man, dass sie, zur Kühlung oder um lästige Parasiten loszuwerden, badeten und sich im Schlamm wälzten.

Fußabdrücke beweisen, dass sie in Herden wanderten und dabei die Jungtiere in die Mitte nahmen. Gegen angreifende Fleischfresser verteidigten sie sich mit ihren Schwänzen und den schweren Beinen. Anhand der manchmal recht dürftigen Knochenfunde wurden inzwischen immerhin bis zu fünf Familien rekonstruiert: Cetiosauriden, Brachiosauriden, Titanosauriden, Camarasauriden und Diplodociden.

Cetiosauride

Diese Walechsen erhielten ihren Namen, als man 1809 den ersten Knochenfund fälschlich einem großen Meerestier zuordnete. Sie gehören aber zu den ersten Sauropoden, die seit dem Beginn des Jura lebten, und wurden zwischen 12 und 21 Meter lang. Selbst die kleinsten Exemplare wogen immer noch soviel wie zwei oder drei Elefanten. Die Knochen des

Rückgrats waren noch ziemlich massiv, der Schwanz blieb kürzer als bei den späteren Sauropoden. Die Zähne dieser Saurier sehen aus wie flache Löffel.

Zu den Cetiosauriden gehören:

Amygdalodon („Mandelzahn"), ein Sauropode mit mandelförmigen Zähnen. Von ihm hat man nur wenige Knochen in Argentinien gefunden.

Austrosaurus („Südechse") war vermutlich schon ein sehr später Cetiosauride, eventuell ein früher Brachiosauride. Er wurde 15 Meter lang. Es gibt nur einen Fund aus wenigen Knochen in Australien. Cetiosaurus („Walechse") wurde bis zu 18 Meter

186

Als im Jahr 1809 die ersten riesigen Knochen von Cetiosaurus gefunden wurden, glaubten die Forscher, es handele sich um einen großen Meeresbewohner. Deshalb gaben sie dem Fossil den Namen „Walechse".

lang und wog zehn bis zwölf Tonnen. In Marokko fand man von ihm einen zwei Meter langen Schenkelknochen. Auffallend am Skelett ist der relativ kurze, leichte Schwanz.

Chinshakiangosaurus stammt aus Südchina. Er gehört ebenfalls zu den frühen Sauropoden.

Dystrophaeus („der Ausgezehrte") ist nur durch wenige Knochen der Hüfte und der Schulter bekannt. Möglicherweise bildet er gar keine eigene Unterfamilie.

Haplocanthosaurus („Einzelstachelechse") ist ähnlich gebaut wie Cetiosaurus. Auch er besitzt einen kurzen Schwanz. Länge: bis zu 21,5 Meter. Der Fundort des Skeletts liegt in Colorado (USA).

Patagosaurus stammt aus Patagonien und erinnert ebenfalls an Cetiosaurus, aber mit einem anders geformten Schwanz. In der Entwicklung steht er zwischen Amygdalodon und Haplocanthosaurus.

Rhoetosaurus, der nach einem Riesen der griechischen Sagenwelt benannt ist, wurde vermutlich länger als zwölf Meter. Er wurde in Australien gefunden.

Shuosaurus entdeckte man in China. Er wurde länger als neun Meter.

Volkheimeria war nur halb so groß wie Patagosaurus. Beide Saurier wurden im selben Gebiet Argentiniens gefunden.

Brachiosauride

Man nimmt an, dass sich die „Armechsen" aus Tieren wie Cetiosaurus entwickelt haben, denn ihre Hälse waren schon etwas länger und insgesamt wirken sie wie Giraffen. Sie waren die schwersten Landtiere, die es jemals auf der Erde gegeben hat – so schwer wie 20 große

Elefanten oder wie der Blauwal, das größte heute lebende Tier.

Zu den Brachiosauriden gehören folgende Arten:

Astrodon („Sternzahn") ist mit zehn Meter Länge vielleicht nur ein Jungtier anderer Arten. Es gibt darüber noch keine gesicherten Kenntnisse.

Bothriospondylus („ausgehöhlter Wirbel") ist mit 15 bis 20 Meter auch noch ein kleineres Exemplar.

Brachiosaurus („Armechse") ist dagegen einer der mächtigsten Dinosaurier aller Zeiten und wurde bis zu 27 Meter lang.

Brachiosaurus ist das größte landlebende Tier, von dem ein vollständiges Skelett erhalten ist.

Möglicherweise wog er rund 100 Tonnen. Knochenstützen mussten den Schädel auf dem langen Hals halten. Bei ihm lagen die Nasenöffnungen seltsamerweise über den Augen. Vielleicht besaß dieser Riesensaurier sogar noch einen Rüssel. Die Fundorte liegen in Colorado (USA), Algerien und Tansania.

Dinodocus („schrecklicher Balken") ist nur von wenigen Schenkel- und Hüftknochen her bekannt. Alles, was man weiß, ist, dass er vermutlich 22 Meter lang war. *Hughender Sauropode* wurde in Australien gefunden. Er wird noch rekonstruiert. Die Länge des Skeletts beträgt 24 Meter. *Pelorosaurus* („monströse Echse") besaß eine Haut, die mit flachen, sechseckigen Plättchen besetzt war. Vielleicht waren auch andere Brachiopoden so geschützt. Man kann jedoch darüber nur Vermutungen anstellen, da von ihnen keine Hautteile gefunden wurden. Pelorosaurus war 24 Meter lang und lebte in Westeuropa.

Rebbachisaurus war in Marokko und Tunesien verbreitet. Man fand von ihm lediglich anderthalb Meter lange Rückenwirbel.

Supersaurus galt in der Wissenschaft lange Zeit als größter Brachiosaurid überhaupt mit einer Kopfhöhe von 16,5 Metern. Der Hals muss zwölf Meter lang gewesen sein. Die Gesamtlänge schätzt man auf bis zu 30 Meter. Manche Forscher halten ihn auch schon für einen Diplodociden, dann wäre er allerdings viel leichter als Brachiosaurus gewesen. Fundort der Fossilien ist Colorado (USA).

Ultrasaurus wurde erst 1979 gefunden, war vielleicht noch größer als Supersaurus und damit das größte Tier aller Zeiten. Seine Länge beträgt mehr als 30 Meter. Er erreichte ein Gewicht von bis zu 136 Tonnen. Das Skelett wird noch rekonstruiert.

Inzwischen haben Paläontologen im amerikanischen Bundesstaat New Mexico einen weiteren Riesensaurier aufgefunden. *Seismosaurus* wird anhand der Knochenfunde auf über 35 Meter Länge geschätzt. Die Rekonstruktion dieses Giganten hat allerdings gerade erst begonnen.

Camarasauride

Die „gekammerten Echsen" haben ihren Namen von den großen Hohlräumen im Rückgrat. Auffallend an ihrem Körperbau ist der kurze, wuchtige Körper. Auch der Kopf wirkt relativ groß und massig. Zu dieser Gruppe gehören folgende Arten: *Asiatosaurus,* gefunden in der Mongolei und in China.

Camarasaurus mit großen Augen, vier Dutzend großen Zähnen und einer Länge von 18 Metern. Fundorte liegen in den USA. *Euhelopus* („der gute Sumpffüßer") mit besonders langem Hals und längerer Schnauze als der Camarasaurus. Diese Art besitzt große, starke Zähne im gesamten Kieferbereich und nicht nur vorn, wie bei vielen anderen Sauropoden. Auch seine Nasenlöcher deuten darauf hin, dass er einen Rüssel besaß. Das Tier war bis zu 15 Meter lang und wog bis zu 24 Tonnen. Fundort ist China.

Camarasaurus hatte auffallend große Nasenöffnungen, deren genaue Funktion noch ungeklärt ist.

Omeisaurus ist ebenfalls ein chinesischer Dinosaurier. Er besitzt einen längeren Hals als Camarasaurus. Insgesamt wurde Omeisaurus 10 bis 15 Meter lang.

Opisthocoelicaudia („hinten gekappte Schwanzwirbel") wurde als fast komplett erhaltenes Skelett in der Wüste Gobi entdeckt. Dieser Saurier bewegte sich vermutlich mit geradem Rücken und steif nach hinten gehaltenem Schwanz fort. Die Länge beträgt zwölf Meter.

Tienshanosaurus stammt aus dem Nordwesten Chinas. Das fast komplette Skelett deutet auf einen langen Hals und Schwanz hin. Der Saurier erreichte eine Länge von zwölf Metern.

Titanosauride

Die meisten Exemplare dieser Gruppe kennt man nur aus wenigen Knochenfunden. Trotz ihres Namens „Riesenechsen" wurden einige Exemplare nur neun bis zwölf Meter lang. Andere, wie zum Bei-

Wenn sich Opisthocoeli-caudia aufrichtete, verwendete er seinen Schwanz als Stütze für den massiven Körper.

spiel Argyrosaurus, erreichten eine Länge von 21 Metern. Besonderes Kennzeichen dieser Art war ein langer Peitschenschwanz. Einige müssen auch eine Art Panzerung aus kleinen Knochenschilden gehabt haben. Die Wirbel waren weniger ausgehöhlt als bei anderen Sauropoden. Nachfolgende Arten werden zu den Titanosauriden gezählt:

Alamosaurus aus New Mexico, Utah, Texas und Montana war mit 21 Meter Länge noch einer der größten. Er erreichte ein Gewicht von 27 Tonnen.

Antarktosaurus („nichtnördliche Echse") könnte zu den größten Dinosauriern gehört haben, denn man fand von ihm einen 2,3 Meter langen Schenkelknochen. Er war also mehr als 18 Meter lang.

Hypselosaurus legte die größten Eier aller Dinosaurier. Sie hatten einen Durchmesser von 25 bis 30 Zentimetern.

Hypselosaurus („Hochrückenechse") war nur bis zu zwölf Meter lang, mit plumpem Kopf und langem Schwanz. Die Zähne waren klein und schwach. Dieser Art werden die meisten gefundenen Sauropodeneier zugeschrieben. Sie waren etwa 30 Zentimeter lang mit einem Durchmesser von 25 Zentimeter. Das Volumen eines Eis betrug 3,3 Liter. Vermutlich legte kein Dinosaurier jemals größere Eier.

Saltasaurus entdeckten Forscher in Argentinien und beschrieben ihn als ersten Panzersauropoden. Tausende kleiner und wenige große Knochenplatten schützten Rücken und Seiten des zwölf Meter langen Tieres.

Titanosaurus wurde nach den Riesen aus der griechischen Mythologie benannt. Er war nur zwölf Meter lang und vermutlich am Rücken gepanzert.

Diplodocide

Die „Doppelbalken" waren wohl die längsten aller Dinosaurier, aber dafür viel leichter als alle anderen Sauropoden. Das tief ausgehöhlte Rückgrat verringerte nämlich das Gewicht. Die Diplodociden besaßen schwache, bleistiftartige Zähne, die aber nur im Vorderkiefer steckten. Die Nase über den Augen hatte nur ein einziges Loch. Zu dieser Art von Sauriern mit dem schlangenähnlichen Hals und einem Peitschenschwanz gehörten:

Apatosaurus („trügerische Echse") mit sehr langem Hals und Schwanz. Früher nannte man das Tier Brontosaurus („Donnerechse"), da es mit seinen 30 Tonnen

Der riesige Pflanzenfresser Apatosaurus war früher unter dem Namen Brontosaurus („Donnerechse") bekannt.

Gewicht wohl beim Gehen die Erde erzittern ließ. Länge: 21 Meter. Schulterhöhe: 4,5 Meter. Fundort: Nordamerika.

Barosaurus („schwere Echse") hatte ein Meter lange Halsknochen. Sein Hals muss wirklich ungewöhnlich lang gewesen sein. Die Gesamtlänge des Sauriers betrug bis zu 27 Meter. Die Fundorte liegen in den USA.

Diplodocus („Doppelbalken") war mit 27 Meter einer der längsten Dinosaurier, aber dafür mit seinen schlanken Knochen relativ leicht. Gewicht: zehn bis elf Tonnen. Hals und Schwanz waren ausnehmend lang. Nach vorn und hinten gerichtete Sporne in den Schwanzknochen (Doppelbalken) schützten die Blutgefäße, wenn der Schwanz über den Boden schleifte. Die Hinterbeine von Diplodocus waren viel länger als die Vorderbeine. Vielleicht richteten sich die Saurier öfter auf um an die Baumgipfel heranzukommen.

Mamenchisaurus aus Zentralchina hatte möglicherweise mit 19 Halswirbeln den längsten Hals aller Diplodociden überhaupt. Insgesamt erreichte das Tier eine Länge von 22 Metern.

Der bis zu 30 Meter lange Diplodocus hatte einen langen Hals (sieben Meter) und einen fast doppelt so langen Schwanz.

Theropoden

Die Coelurosaurier

Die Hohlschwanzechsen bestehen aus 16 Familien von kleinen Fleischfressern, die alle zu den Saurischiern, also zu den Dinosauriern mit den Echsenbecken, gehören. Zusammen mit den großen Carnosauriern bilden sie die Gruppe der Theropoden (Wildfüßer). Ober die Einteilung der Coelurosaurier sind sich die Experten nicht einig. Manche wollen zum Beispiel die Archaeopterygiden und ihre Vogelnachfahren in eine eigene Unterklasse einordnen.

Die Coelurosaurier waren überwiegend kleine, schnelle Räuber mit langen Beinen, ziemlich langen Armen und Klauen an Zehen und Fingern. Einige waren nicht größer als ein Huhn, andere wurden größer als ein Strauß. Vermutlich waren sie so etwas wie die Hyänen und Schakale der Urzeit. Einige Hohlknochensaurier gelten als die schnellsten und intelligentesten Dinosaurier überhaupt. Von ihnen stammen vielleicht die Vögel ab.

Coelophyside
Diese frühe Coelurosaurierfamilie lebte schon in der späten Trias. Keilförmige Köpfe mit scharfen Zähnen, ein biegsamer, langer Hals und ein langer Schwanz zum Balancieren - das waren die wichtigsten Kennzeichen. Manche von ihnen wurden so groß wie ein Mensch, aber dank der hohlen Knochen nur halb so schwer.
Coelophysis („Hohlform"), bis zu drei Meter lang und bis zu 30 Kilo schwer, ist von zahlreichen Skeletten her gut bekannt. Vermutlich sind die Tiere in einem Sandsturm im Südwesten der USA ums Leben gekommen. Der Hals war lang und schlangenartig, der Kiefer des schmalen Schädels enthielt viele kleine, scharfe Zähne.

Halticosaurus („Flinkechse") stammt aus Süddeutschland. Er wurde 5,5 Meter lang, besaß einen großen Kopf und nur sehr kurze Arme.

Procompsognathus aus Südwestdeutschland hat genauso einen Kopf wie Coelophysis, wurde aber nur 1,2 Meter lang.

Ferner sind noch bekannt:

Avipes („Vogelfuß") aus Thüringen, *Dolichosuchus* („langes Krokodil") mit langem Schienbeinknochen, *Lukousaurus* aus China (zwei Meter), Saltopus („Springfuß") aus Schottland (nur 60 Zentimeter), Syntarsus aus Zimbabwe mit zusammengewachsenen Fußknochen und – vielleicht – gefiederten Schuppen (drei Meter lang) und als letzter Velocipes („Schnellfuß") aus Deutschland.

Der gefräßige, nur 1,2 Meter kleine Procompsognathus war einer der ersten Dinosaurier.

Coeluride

Die Hohlschwänze lebten mehrere Millionen Jahre später als ihre vermutlichen Vorfahren, die Coelophysiden, und verbreiteten sich über die ganze Erde. Besondere Merkmale ihres Körperbaus waren ein kleiner Schädel, kleine, scharfe Zähne, ein langer Hals und ein noch längerer Schwanz. Jede der Greifhände hatte gebogene, scharfe Klauen. Die meisten Hohlschwänze wurden um zwei Meter groß, waren allerdings viel leichter als ein Mensch. Entdeckt wurden bisher:

Ornitholestes ernährte sich vermutlich von Vögeln sowie kleinen Flugsauriern und Echsen.

Aristosuchus („Edelkrokodil") aus Südengland, *Coeluroides* aus Indien, *Coelurus* („Hohlschwanz") aus den USA (sein Kopf war kleiner als eine menschliche Hand), *Compsosuchus* („das hübsche Krokodil") aus Indien, *Inosaurus* aus Afrika, *Jubbulpuria* aus Indien, *Kakuru* („Regenbogenschlange") aus Australien und *Laevisuchus* („glückliches Krokodil") aus Indien. Des weiteren *Microvenator* („kleiner Jäger"), ein truthahngroßer Saurier aus Tibet, *Ornitholestes* („Vogelräuber") aus den USA, der vermutlich wirklich nach seiner Lebensweise benannt ist, O*rnithomimoides* („vogelähnliche Form") aus Indien, *Sinocoelurus* („chinesischer Hohlschwanz") und *Teinurosaurus* („ausgedehnte Echse") aus Frankreich.

Noasauride
Sie stellen eine kleine Familie von Fleischfressern aus Südamerika dar.
Noasaurus („Nordwestargentinienechse") besaß schon eine stark gebogene „schreckliche Klaue" am zweiten Zeh. Er könnte auch bereits Jagd auf kleine oder junge Pflanzenfresser gemacht haben. Länge: 2,4 Meter.

Shanshanosauride
Sie waren leichtgebaute Jäger aus Zentralasien. Bisher ist nur *Shanshanosaurus* bekannt, der einen großen, keilförmigen Kopf, kleine Augen, scharfe Zähne und einen langen Hals besitzt. Die Beine waren bei ihm dreimal so lang wie die Arme. Er wurde 1,8 Meter lang.

Compsognathide

Diese Gruppe gehört zu den kleinsten Dinosauriern, war aber teilweise doch wie die großen, tonnenschweren Carnosaurier gebaut. Trotzdem müssen die Tiere schnelle Jäger gewesen sein. Bisher wurden nur wenige Knochen gefunden.

Compsognathus („hübsche Kiefer") war hühnergroß und erinnert an Archaeopteryx, den Vogeldinosaurier. Möglicherweise hatte er nur zwei Finger mit Klauen an jeder Hand wie der riesige Tyrannosaurus. Fundorte: Süddeutschland und Südostfrankreich.

Segisauride

Im Gegensatz zu anderen Coelurosauriern waren ihre Schenkelknochen nicht hohl, dafür besaßen sie aber noch ein Schlüsselbein, das die meisten anderen Dinosaurier bereits verloren hatten. Die Forscher streiten noch über die richtige Einordnung.

Segisaurus war gänsegroß mit starken Unterarmknochen und vogelähnlichen Füßen, die einen kurzen ersten und geradezu winzigen fünften Zeh hatten.

Avimide

Diese Gruppe Saurier, die „Vogelnachahmer", sahen tatsächlich schon wie Vögel aus und besaßen vermutlich auch schon gefiederte Flügel. Insgesamt hat *Avimimus,* ein von russischen Forschern in der Mongolei gefundenes Exemplar, mit zwei Dutzend speziellen Merkmalen

Der in Süddeutschland und Frankreich aufgefundene Compsognathus war nur wenig größer als ein Haushuhn.

Archaeopteryx war so groß wie eine Taube und ist der älteste bekannte Vogel.

mehr Ähnlichkeit mit den Vögeln aufzuweisen als Archaeopteryx. Avimimus lebte allerdings später als die Vogeldinosaurier, kann also nicht Vorfahr der Vögel sein. Seine breiten, kurzen Flügel waren wohl zu schwach zum Fliegen, beschleunigten aber gut beim Laufen. Er erreichte eine Länge von anderthalb Metern.

Archaeopterygide
Die meisten Wissenschaftler halten die „alten Federn" für die ersten echten Vögel. Andere bezeichnen auch die heutigen Vögel noch als Dinosaurier, die das große Sterben gegen Ende der Kreidezeit nur überdauert und sich weiter spezialisiert haben.

Archaeopteryx („alte Feder") hatte richtige, gefiederte Flügel, wie die heutigen Vögel. Andererseits erinnern noch viele Merkmale an die Coelurosaurier, vor allem an Compsognathus. Da sind die kleinen Zähne im schlanken Kiefer zu nennen, die drei Klauenfinger an jedem Flügel und der dünne Schwanzknochen. Archaeopteryx wurde einen Meter lang und lebte im späten Jura. Der Fundort seines Skeletts liegt in Bayern.
Laopteryx („Waldfeder") wurde erstmals 1881 durch Othniel Charles Marsh beschrieben. Er gehörte möglicherweise zu den Pterosauriern. Beide Vogeldinosaurier konnten wohl nur schlecht fliegen. Vielleicht starteten sie deshalb

*Dromiceiomimus (oben) und
Ornithomimus ähneln in ihrem
Körperbau den Straußenvögeln. Sie
waren intelligente und gefährliche
Jäger.*

von Bäumen oder Bergen, auf die sie mit ihren Krallen kletterten. Vermutlich waren sie aber schnelle Läufer. Man nimmt an, dass die Federn aus gefransten Schuppen entstanden sind, die zur Wärmedämmung dienten.

Ornithomimide (Straußendinosaurier)
Die zahnlosen „Emu und Strauße" unter den Dinosauriern werden „Vogelnachahmer" genannt. Mit ihren langen, schlanken Beinen waren sie sehr schnelle Läufer. Jeder Fuß hatte drei Zehen, und an den langen Armen saßen Hände mit drei Klauen. Der kleine, lange Kopf war beweglich, denn dünne Schädelknochen machten ihn leicht. Scharfe Augen haben wohl dafür gesorgt, dass immer die nötige Fluchtdistanz eingehalten wurde. Straußendinosaurier ernährten sich von Pflanzen und Insekten, vielleicht auch von Eiern. Man nimmt an, dass einige Arten schneller liefen als ein galoppierendes Pferd. Bisher gefunden und beschrieben wurden: *Archaeomithomimus* („alter Vogelnachahmer") aus China und Nordamerika. Länge: 3,5 Meter.
Betasuchus („Betakrokodil"), der einzige Straußendinosaurier aus Europa, der Fundort liegt in Holland. Länge: 3,5 Meter.

Dromiceiomimus („Emunachahmer") mit großem Gehirn und großen Augen. Mit seinen längeren Schienbeinen erreichte er vielleicht noch höhere Geschwindigkeiten als ein Strauß. Der Fundort des Skeletts ist Kanada.

Elaphrosaurus („leichte Echse") hatte dagegen etwas kürzere Arme und Beine und lief vermutlich langsamer. Möglicherweise war er eine ältere Vorform. Fundort: Afrika.

Gallimimus („Huhnnachahmer") stellt mit vier Metern vielleicht den größten Straußendinosaurier dar. Seine Greifhände waren zurückgebildet. Der Fundort liegt in der Mongolei.

Ornithomimus („Vogelnachahmer") lebte in Sümpfen und Wäldern Tibets und Nordamerikas. Der Schwanz nahm die Hälfte der gesamten Länge von 3,5 Metern ein.

Struthiomimus („Straußnachahmer") hatte wieder stärkere Arme und Hände mit stark gebogenen Klauen an den Fingern. Fundorte: Nordamerika.

Tugulusaurus schließlich stammt aus China. Er war vermutlich drei Meter lang.

Alle Straußendinosaurier lebten hauptsächlich in der Kreidezeit.

Garudimimide

Diese Gruppe der zahnlosen Garudanachahmer lebte während der Kreidezeit in der Mongolei. Es ist umstritten, ob diese Art noch zu den Straußendinosauriern gehört, daher hat man sie als eigene Familie eingeteilt. Der Körperbau des Garudimimus ist durch einen langen, schmalen Kopf mit großen Augen gekennzeichnet. Vom Schädeldach bis vor die Augen hinunter verläuft ein niedriger Knochenkamm. Länge: 3,5 Meter.

Schwierige Rekonstruktion: Von Elaphrosaurus wurde bislang nur ein einziges Skelett gefunden.

Deinocheiride

„Schreckliche Hände" nennt man diese Familie, weil sie überhaupt bekannt wurde durch riesige Arme, die man in einer mongolischen Wüste fand. An sich gibt es dreifingrige Hände mit riesigen Klauen sonst nur bei den zehn Meter großen Therizinosauriern, die zu den großen Carnosauriern gehören. Diese Hände müssen eine furchtbare Waffe gewesen sein.

Deinocheirus („schreckliche Hand") lebte während der Kreidezeit. Man weiß nicht genau, wie groß er war. Jedenfalls messen die schlanken Arme mit den Klauen 2,6 Meter.

Dromaeosauride

Diese kleinen bis mittelgroßen Fleischfresser gehören zu den schnellsten, wildesten und beweglichsten Jägern aller Zeiten. Als die „Rennechsen" entdeckt wurden, korrigierten sie rasch das Vorurteil, Dinosaurier

*Deinoychus, die „Schreckenskralle",
war wohl das schnellste und
grausamste Raubtier der Urzeit*

seien träge, dumme Reptilien. Eine riesige Klaue an jedem zweiten Zeh und Greifhände mit Klauen machten diese Jäger ausgesprochen gefährlich. Dazu kamen noch ein scharfes Gebiss und ein großes Gehirn, das vielleicht schon intelligente Angriffstaktiken im Rudel möglich machte. Von den damals sicher gefürchteten Raubsauriern sind bisher bekannt:

Der zwei Meter lange Adasaurus aus der Mongolei, der eigentlich noch Vogelhüften besaß.

Dann *Deinonychus* („schreckliche Klaue"), 2,4 bis vier Meter lang. Allein die

Ein gefährlicher Räuber war Velociraptor, von dem bislang nur ein Skelett gefunden wurde.

sichelförmige Klaue maß schon 12,7 Zentimeter. Der für die Balance notwendige Schwanz war durch 40 knochige Stäbchen um jeden Wirbel herum versteift. Fundort: USA.

Dromaeosaurus („Rennechse") war ein menschengroßer Jäger mit ähnlicher, aber etwas kleinerer Klaue. Länge: 1,8 Meter. Fundort: Kanada.

Phaedrolosaurus („schimmernde Ganzechse") war vielleicht der Vorfahr von Deinonychus. Er lebte in China.

Saurornitholestes („Echsen-Vogel-Räuber") besaß nur eine Länge von etwa 1,8 Meter. Besondere Merkmale seines Skeletts waren kräftige Hände, scharfe Zähne und ein sehr großes Gehirn. Der Fundort liegt in Kanada.

Velociraptor („schneller Plünderer") hatte am niedrigen Kopf eine eingedrückte Schnauze. Man hat ein Exemplar gefunden, das beim Angriff auf einen Proceratops getötet wurde. Länge: 1,8 Meter. Fundorte: Zentral- und Ostasien.

Saurornithoidide

Diese „vogelähnlichen Echsen" waren so groß wie Menschen, aber leichter. Scharfe Zähne, versteifte Schwänze, lange Arme und „schreckliche Klauen" an einem zweiten Zeh machten sie zusammen mit dem großen Gehirn und den weit auseinander stehenden Augen zu gefürchteten Jägern. Bekannt sind:

Saurornithoides („vogelähnliche Echse"), der zwei Meter lang ist und ein sechsmal größeres Gehirn als ein Krokodil hat. Er konnte Entfernungen gut abschätzen und fing mit seinen langen Armen und Greifhänden sicher kleinere Säugetiere und Dinosaurier. Fundort: Mongolei.

Stenonychosaurus („Schmalklauenechse") hatte ein größeres Gehirn als ein Emu. Der schnelle Läufer lebte in Kanada.

Ferner sind zu nennen: *Bradycneme* („langsames Bein") aus Rumänien, *Heptasteornis* („Siebenbürgenvogel"), ebenfalls aus Rumänien, und *Pectinodon* („Kammzahn") aus Wyoming (USA).

Oviraptoride

„Eierdiebe" nannte man die kleinen Theropoden, die in den Wüsten der Mongolei entdeckt wurden. Sie sind die am besten bekannten zahnlosen Saurischier. Ihre Kiefer enden in einem vogelähnlichen Schnabel, der Eier und vielleicht sogar harte Schalenfrüchte knacken konnte. Im Gegensatz zu den Saurornithoididen fehlen bei ihnen die Schwanzversteifungen und die „schrecklichen Klauen".

Ingenia („Genie") hatte an jeder Hand drei Finger mit normalen, gebogenen Klauen. Länge: 1,8 Meter. Fundort: Mongolei.

Oviraptor („Eierdieb") hatte kräftige Kiefer mit einem kurzen Schnabel. Die größte Kralle an den Greifhänden war auch

Saurornithoides verfügte über ein vergleichsweise großes Gehirn und dürfte den meisten anderen Dinosauriern intelligenzmäßig überlegen gewesen sein.

Oviraptor ernährte sich überwiegend von den Eiern anderer Dinosaurier.

immerhin acht Zentimeter lang. Länge: 1,8 Meter. Fundort: Mongolei.

Caenagnathide und Elmisauride
Die vogelähnlichen Zehen und einige Fußknochen, die sonst nur bei Vögeln vorkommen, ließen manche Forscher vermuten, es handele sich bei den Elmisauriden ("Fußechsen") um Vorfahren der Vögel. Auch die Caenagnathiden ("junge Kieferlose") könnten zahnlose Vögel gewesen sein.
Caenagnathus ("junger Kieferloser") und *Chirostenotes* ("Schlankhand"), beide zwei Meter lang, wurden in Kanada gefunden.
Elmisaurus ("Fußechse") stammt aus der Mongolei. Länge: zwei Meter.
Macrophalanghia aus Kanada ist nur durch das Fossil des rechten Fußes bekannt. Länge: zwei Meter. Vielleicht handelt es sich aber auch um das gleiche Tier wie Chirostenotes.

Die Carnosaurier

Die großen, schweren Fleischechsen gehören zur Gruppe der fleischfressenden Saurischier, die man Theropoden ("Wildfüßer") nennt. Es ist nicht ganz klar, ob sich diese größten Räuber aller Zeiten aus den Coelurosauriern oder sogar aus den Prosauropoden entwickelt haben. Möglicherweise hatten sie auch verschiedene Vorfahren. Die größten Carnosaurier waren so groß wie Zweibeiner überhaupt nur werden können. Dicke Beinknochen und starke Muskeln trugen das Gewicht. Umstritten ist, wie schnell sie mit dieser Masse noch laufen konnten. Ihre gefährlichsten Waffen waren die scharfen, gebogenen Zähne, hinzu kamen noch große Klauen an den Händen und bei beiden Füßen Krallen an jedem der drei Zehen. Die kleineren Arten griffen vermutlich Pflanzenfresser an, die größeren fraßen wohl nur Aas. Aber das ist längst nicht sicher. Neue Untersuchungen

205

trauen auch Riesen wie Tyrannosaurus-Rex größere Wendigkeit und Schnelligkeit zu, so dass sie durchaus auch größere Pflanzenfresser angegriffen haben könnten. Es gibt viele Fossilien, die noch nicht mit letzter Sicherheit eingeordnet werden konnten. Vermutet werden immerhin zehn Familien:

Teratosauride
Die „Monsterechsen" lebten schon vor 200 Millionen Jahren. Sie waren vermutlich sehr frühe Carnosaurier, aber die wichtigsten Merkmale dieser Gruppe waren bereits vorhanden: messerscharfe Zähne, Klauen, der große Kopf auf einem muskulösen Hals, lange, kräftige Hinterbeine und ein langer, steifer Schwanz. Rekonstruiert wurden bisher:
Basutodon nach einem Fund aus der späten Trias in Afrika.
Picrodon („Spitzzahn") aus England.
Teratosaurus („Monsterechse") mit starken Armen, die jeweils in drei Fingern mit Klauen endeten. Länge: sechs

Der massiv gebaute Teratosaurus gehörte zu den ersten fleischfressenden Dinosauriern.

Dilophosaurus hatte zwei Knochenkämme auf dem Kopf, über deren Funktion die Forscher noch rätseln.

Meter, Gewicht: 0, 7 Tonnen. Fundort: Deutschland.

Zanclodon („Sichelzahn"), der nach einem Kiefer benannt ist, der ebenfalls in Deutschland gefunden wurde.

Megalosauride
Die „Riesenechsen" waren die größte Familie der großen Fleischfresser. Folgender „Steckbrief" beschreibt ihr Aussehen: schwere Körper, riesige Hinterbeine und starke Klauen, mit denen weidende Pflanzenfresser glatt aufgeschlitzt werden

konnten. Von den kleinen Megalos des frühen Jura gibt es kaum Fossilien. Überreste der größeren Dinosaurier, die teilweise so schwer wie Elefanten wurden, gibt es aus aller Welt. Die wichtigsten Arten sind:

Carcharodontosaurus lebte im Gebiet der heutigen Sahara. Er wurde nach Carcharodon, dem weißen Hai, benannt wegen seiner mörderisch scharfen Zähne. Länge: acht Meter.

Dilophosaurus („Echse mit zwei Kämmen") lebte im frühen Jura Arizonas. Er hatte zwei dünne, zerbrechliche Knochenkämme auf dem Kopf und erreichte eine Länge von sechs Metern.

Eustreptospondylos („gut gebogene Wirbelsäule") lebte im England des mittleren Jura. Er hatte schon einen Kopf wie der Allosaurus und brachte es auf eine Länge von sieben Metern.

Megalosaurus („Riesenechse") war neun Meter lang und wog 900 Kilo. Er hatte gebogene und gezackte Zähne, die seitlich abgeflacht waren, starke, gebogene Klauen an Zehen und Fingern und der muskulöse Hals war sehr biegsam. Der lange, kräftige Schwanz war an den Seiten abgeflacht. Knochen, Zähne und Fußspuren wurden in Europa, Südamerika, Afrika und Asien gefunden. Zeit: früher Jura bis frühe Kreide.

Poekilopleuron („bunte Flanke") war neun Meter lang und fiel durch besonders kräftige Arme auf. Fundort: Nordfrankreich. Zeit: mittlerer Jura.

Proceratosaurus („vor den Hornechsen") war ziemlich klein und hatte ein Horn über der Nase. Vielleicht war er ein Vorfahr der Horndinosaurier.

Sarcosaurus war mit 3,5 Meter klein und leicht gebaut. Der „Fleischechse" genannte Saurier lebte im frühen Jura Englands.

Die ersten, 1676 in England gefundenen Dinosaurierknochen gehörten zu einem Megalosaurus.

208

Der riesige Torvosaurus mit seinen langen Krallen war einer der grausamsten Jäger seiner Zeit.

Szechuanosaurus stammt aus China und war acht Meter lang. Er sah dem viel größeren Allosaurus ähnlich. Zeit: später Jura.

Torvosaurus („grausame Echse") war zehn Meter lang und hatte schreckliche Klauen. Er war sogar noch kräftiger als Allosaurus. Sein Gewicht betrug mehr als fünf Tonnen. Zeit: später Jura in Nordamerika.

Von *Bahariasaurus* aus Nordafrika, *Embasaurus* aus Zentralasien, *Erectopus* („aufrechter Fuß") aus Frankreich, *Kel-mayisaurus* aus China, *Macrodontophion* („Großzahnschlange") aus Russland und *Majungasaurus* aus Madagaskar sind jeweils nur wenige Teile gefunden worden.

Allosauride
Sie waren die Tiger der Urzeit! Diese Fleischfresser waren zwar größer, aber trotzdem immer noch beweglicher als die Megalosauriden. Der kurze, massige Körper mit einem biegsamen Hals und dem

massiven Kopf wurde von einem langen Schwanz in der Balance gehalten. Die kräftigen Kiefer mit den säbelähnlichen Zähnen fraßen bestimmt nicht nur Aas. Wahrscheinlich jagten ganze Rudel von Allosauriden die riesigen Sauropoden.

Allosaurus („andere Echse") glich Megalosaurus, war aber größer und hatte mehr Zähne. Manche Exemplare wogen bis zu zwei Tonnen, konnten fast 13 Meter lang und fast fünf Meter hoch werden. Die Funde stammen aus dem späten Jura Nordamerikas, Afrikas, Australiens und vielleicht Asiens.

Indosaurus aus Zentralindien hatte einen besonders massiven Schädel.

Piantzkysaurus aus Argentinien glich Allosaurus, war aber noch nicht so weit entwickelt.

Piveteausaurus war auch elf Meter lang, besaß aber einen längeren Schädel als Allosaurus. Gewicht: bis zu 1,8 Tonnen.

Yangchuanosaurus, zehn Meter lang, lebte im späten Jura Chinas. Er hatte einen biegsamen Hals und sehr beweglichen Schwanz.

Allosaurus jagte in Rudeln die gigantischen Pflanzenfresser der späten Jurazeit.

Ceratosauride

Sie waren nur halb so groß wie Allosaurus, lebten aber etwa zur gleichen Zeit. Mit ihrem Horn über der Nase kämpften vielleicht die Männchen gegeneinander. Fußspuren zeigen, dass sie vermutlich schon in Rudeln Pflanzenfresser wie den Camptosaurus jagten.

Ceratosaurus („Hornechse") bekam seinen Namen von einem kurzen Horn auf der Nase, außerdem hatte er noch Höcker über den Augen. Kleine Knochenplatten auf dem Rücken deuten eine Panzerung an. Er hatte vier Klauenfinger an jeder Hand und je drei Zehen mit Klauen an den Füßen. Einige Fußknochen waren zusammengewachsen. Länge: viereinhalb bis sechs Meter. Er lebte in Nordamerika und Ostafrika.

Chienkosaurus aus China ist nur durch vier Zähne bekannt, die vielleicht sogar von einem Krokodil stammen.

Dryptosauride

Die „zerfleischenden Echsen" lebten zur Zeit der späten Kreide in Nordamerika und Asien. Es gibt aber so wenig Fossilien, dass genaue Beschreibungen kaum möglich sind. Manche Forscher halten die Dryptosauriden auch für Tyrannosauride. Von *Dryptosauriden* glaubt man, dass sie etwa sechs Meter lang waren. Das wurde aufgrund von sechs großen Wirbelknochen rekonstruiert.

Dryptosaurus („zerfleischende Echse") hatte kurze, kräftige Arme und große, muskulöse Beine. Die gebogenen Zähne und Klauen gleichen denen von Megalosaurus, aber ein Schenkelknochen erinnert dagegen an Iguanodon.

Besonderes Kennzeichen des Ceratosaurus war ein kleines Horn auf der Schnauze, dessen Aufgabe noch ungeklärt ist.

Spinosauride

Die „Stachelechsen" haben ihren Namen von Wirbelauswüchsen, die wie Stacheln von der Wirbelsäule nach oben ragten. Vielleicht spannte sich zwischen ihnen eine Art Hautsegel zum Imponieren oder zur Wärmeregulierung. War es in der Morgendämmerung quer gestellt zur Sonne, wurde das kaltblütige oder wechselwarme Tier schneller beweglich. In der Mittagshitze konnte durch eine Längsstellung des Segels Wärme abgeleitet werden. Eine ähnliche Technik gab es schon bei dem fleischfressenden Reptil Dimetrodon.

Spinosaurus („Stachelechse") war allerdings mit zwölf Meter Länge wesentlich größer. Er dürfte sechs bis sieben Tonnen gewogen haben. Seine Stacheln waren bis zu 1,8 Meter lang. Spinosaurus besaß gerade Zähne, auch eine Besonderheit unter den Carnosauriern. Fundort: Afrika. Zeit: späte Kreide.

Metriacanthosaurus („Echse mit mittellangen Stacheln") aus England war ein Vorgänger von Spinosaurus. Er lebte schon im frühen Jura. Seine Stacheln waren zweimal so lang wie die normalen Wirbel. Länge: etwa acht Meter.

Altispinax („hoher Dorn") lebte in der frühen Kreide Nordwesteuropas. Seine Stacheln sind schon viermal länger als die Wirbel. Länge: acht Meter.

Acrocanthosaurus („sehr stachlige Echse") lebte ebenfalls in der frühen Kreide und hatte Stacheln, die bis zu 30 Zentimeter vom Rücken abstanden. Fundort: Oklahoma/USA.

Der riesige Spinosaurus verfügte über ein Rückensegel, das vermutlich der Wärmeregulierung diente.

Tyrannosauride

Zu den Tyrannenechsen gehörten die größten fleischfressenden Landtiere aller Zeiten. Einige waren so schwer wie ein großer Elefant. Kräftige Kiefer, riesige scharfe Zähne und große Klauen hätten sie leicht zu den grausamsten Jägern der Urzeit machen können. Trotzdem glauben einige Wissenschaftler, sie seien zu träge und schwerfällig dazu gewesen. Andere Forscher sind sicher, dass Tyrannosauriden sogar gepanzerte Dinosaurier angegriffen haben.

Tyrannosaurus-Rex war der größte landlebende Fleischfresser aller Zeiten. Er wurde so schwer wie ein ausgewachsener Elefant.

213

Tyrannosaurus war mit zwölf Meter Länge, 5,6 Meter Höhe und 6,4 Tonnen Gewicht so schwergewichtig wie ein afrikanischer Elefant. Allein sein Schädel hatte ein Ausmaß von 1,2 Meter. Trotzdem war das Gehirn relativ klein. Die Zähne mit Sägekanten waren mehr als 18 Zentimeter lang. Fundorte: Nordamerika und China. *Tarbosaurus* („beängstigende Echse") wurde ebenfalls 10 bis 14 Meter lang und viereinhalb bis sechs Meter hoch. Er war aber leichter gebaut als Tyrannosaurus.

Albertosaurus glich ebenfalls Tyrannosaurus, war aber kleiner und leichter. Dafür hatte er mehr Zähne. Länge: acht Meter. Gewicht: 1,8 Tonnen. Fundort: Nordamerika.
Alectrosaurus und *Alioramus* fand man in der Mongolei. Beide waren mit sechs Meter Länge viel kleiner als Tyrannosaurus, hatten aber viele scharfe, gebogene Zähne.
Daspletosaurus („schreckliche Echse") war 8,5 Meter lang und hatte ebenfalls

Alioramus ist ein relativ kleingewachsener Verwandter des Tyrannosaurus und hatte viele messerscharfe Zähne.

mehr Zähne als Tyrannosaurus. Gewicht: vielleicht 3,6 Tonnen. Fundort: Kanada.

Indosuchus („indisches Krokodil") war nur mittelgroß mit „altertümlichem" Schädel und hatte mehr, aber kürzere Zähne. Er lebte in Indien.

Prodeinodon aus der Mongolei war ein Vorgänger von *Deinodon,* einem alten Namen für Albertosaurus. Vielleicht war er ein Megalosauridenvorfahr der Tyrannosauriden.

Itemiride

Sie sind erst seit 1976 bekannt und gleichen, obwohl viel kleiner, den Tyrannosauriden. Sie lebten in der späten Kreide Zentralasiens.

Itemirus, nach der Fundstelle Itemir benannt, erinnert am unteren Teil seines Schädels an Dromaeosaurus. Der obere Teil ähnelt mehr dem des Tyrannosaurus. Dieser Fleischfresser besaß sehr gute Augen und einen gut entwickelten Gleichgewichtssinn. Die Größe ist unbekannt.

Segnosauride

Diese Familie der „langsamen Echsen" waren seltsame Fleischfresser: Ihre Hüftknochen lagen so angeordnet wie bei den pflanzenfressenden vogelhüftigen Dinosauriern und ihre Kiefer bildeten einen zahnlosen Schnabel. Vielleicht hatten ihre Füße mit vier Zehen Schwimmflossen. Möglicherweise haben sie Fische gejagt. Die Segnosauriden lebten in der späten Kreide Ostasiens.

Erlikosaurus hatte im Kieferschnabel kurze, scharfe Zähne. Größe: vielleicht sechs Meter.

Segnosaurus („langsame Echse") wurde neun Meter lang und 2,4 Meter groß.

Nanshiungosaurus kam aus China und war vielleicht nur vier Meter lang.

Im Schnabel des Erlikosaurus wuchsen kurze, scharfe Zähne.

Therizinosauride

Ihre Arme waren noch stärker als bei *Deinocheirus* und länger als die eines Menschen. Sichelförmige Klauen machten sie zu furchterregenden Waffen. Wie die Tiere lebten und jagten, weiß man allerdings nicht genau. *Therizinosaurus* („Sichelechse") wurde vermutlich etwa zehn Meter lang, denn eine gefundene Klaue war an ihrer äußeren Krümmung gemessen 70 Zentimeter lang. Die Arme erreichten sogar 2,4 Meter. Fundort: südliche Mongolei. Zeit: späte Kreide.

Mehr als ein Dutzend fleischfressende Dinosaurier kennt man nur von ein paar Zähnen oder Knochenteilen. Man kann sie noch keiner Familie zuordnen. Vielleicht sind einige auch gar keine Dinosaurier ...

Die Ornithischier

Die zweibeinigen Ornithopoden

Die „Vogelfüsser" waren die einzigen Ornithischier-Dinosaurier, die auf den Hinterbeinen gehen oder sogar schnell laufen konnten. Die Forscher vergleichen sie oft mit Gazellen, vor allem die kleinen, sehr beweglichen Fabrosauriden und die Heterodontosauriden. Auch die Hypsilophodontiden waren, obgleich zum Teil bis zu vier Meter lang, leichter als ein Mensch. Allmählich wurden die Vogelfüßer mit den Vogelhüften größer. Camptosauride entstanden, dann die Iguanodontiden und schließlich Hadrosauride, von denen manche so schwer wie Elefanten wurden. Damit kennen wir bereits die fünf Unterordnungen, die sich in der späten Trias oder Anfang des Jura entwickelten und als besonders artenreich und langlebig erwiesen.

Fabrosauride
Alle anderen Dinosaurier mit den Vogelhüften haben sich vermutlich aus dieser Gattung entwickelt. Sie waren überhaupt sehr leicht gebaut, hatten hohle Beinknochen und lange Schwänze, mit denen sie beim Laufen auf den Hinterbeinen den Körper ausbalancierten. Die meisten Fossilien wurden in Europa, Nordamerika und Südafrika gefunden.
Lesothosaurus war der bekannteste Fabrosauride. Mit kurzen Armen und langen Beinen war er für den schnellen Lauf prädestiniert. Zehen und Finger waren mit Klauen besetzt. Die Backenzähne sahen aus wie gezackte Pfeilspitzen. Länge: ein

Bei Scutellosaurus fällt die Hautpanzerung auf, die Angreifer abschrecken sollte.

216

Meter. Er lebte in der späten Trias oder im frühen Jura.

Fabrosaurus hatte niedrigere und breitere Zähne als Lesothosaurus, war ansonsten aber etwa gleich groß und lebte auch zur selben Zeit.

Scutellosaurus („Kleinschildechse") ist der einzige gepanzerte Fabrosauride. Er hatte auf dem Rücken Hunderte kleiner Knochenplatten.

Echinodon („stachliger Zahn") war mit 60 Zentimeter wohl der kleinste Fabrosauride. Er hatte relativ große Zähne, zwei davon lang und scharf. Echinodon lebte am Ende des Juras in Südengland.

Heterodontosauride

Die „Echsen mit den unterschiedlichen Zähnen" ähnelten als kleine vogelhüftige Zweibeiner den Fabrosauriden, waren aber schon eine Weiterentwicklung. Sie hatten drei Zahnarten: scharfe Zähne im vorderen Unterkiefer wie die Fleischfresser, Reihen von Mahlzähnen mit Erhöhungen zum Zermahlen von Pflanzen und lange, scharfe Fangzähne.

Herodontosaurus war mit seinen engstehenden Backenzähnen und scharfen, gebogenen Fangzähnen vielleicht am weitesten fortgeschritten. Der Zahnabschliff zeigt, dass seine Kiefer bereits seitlich und nicht nur auf und ab kauen konnten. Die echten Pflanzenfresser kündigten sich so an!

Lanasaurus („Wollechse") aus Südafrika hatte Zähne wie Meißel, die sich durch Aneinanderreiben ständig schärften. Er kam in Südafrika vor.

Pisanosaurus besaß spitze Zähne, aber vielleicht keine Fangzähne. Forscher halten ihn für den ältesten Dinosaurier mit Vogelhüften. Er erreichte eine Länge von ca. 90 Zentimeter und lebte in der späten Trias Nordwestargentiniens.

Heterodontosaurus hatte in seinem Kiefer drei verschiedene Zahntypen.

Hypsilophodontide

Sie waren die schnellsten Läufer unter den Dinosauriern. Mit ihren Hornschnäbeln rupften sie Pflanzen ab und kauten sie mit den Backenzähnen. Diese Zähne gaben der ganzen Familie den Namen: „Zähne mit Erhöhungen". Die Hypsilophodontiden gehörten zu den erfolgreichsten Dinosauriern und lebten etwa 100 Millionen Jahre, länger als jede andere Familie. Gefunden wurden bisher in Europa, Australien und Japan vier Unterfamilien:

Alocodon („Flügelzahn"), etwa ein Meter lang, lebte im späten Jura.

Dryosaurus („Eichenechse"), mit 2,7 bis 4,3 Meter einer der größten Hypsilophodontiden. Er hatte an der Vorderseite des Kiefers keine Zähne. Zeit: Mitte des späten Jura.

Hypsilophodon, von dem man auf der englischen Insel Wight 20 Skelette fand, war ein schneller Läufer.

Fulgurotherium ist nur von einem zerbrochenen Schenkelknochen bekannt. Länge: vielleicht zwei Meter. Zeit: Mitte des späten Jura.

Gongubusaurus ist erst vor kurzem in Japan gefunden worden.

Hypsilophodon („Zahn mit Erhöhungen") hatte lange, selbstschärfende Backenzähne mit Erhöhungen und mehr Zähne als die anderen in seinem Hornschnabel. Auf seinem Rücken verliefen vermutlich zwei Reihen von Knochenhöckern. Er wurde 1,4 bis 2,3 Meter lang.

Nanosaurus („Zwergechse") war mit 90 Zentimeter Länge wohl der kleinste Dinosaurier der Familie. Er lebte zur Zeit des späten Jura in Nordamerika.

Othnielia, nur wenig größer, wurde von Othniel Charles Marsh im Westen Nordamerikas gefunden. Seine Zähne hatten an beiden Seiten Zahnschmelz, nicht nur auf einer wie beim Hypsilophodon.

Die übrigen Gattungen wie *Parksosaurus, Phyllodon* („Blattzahn"), *Valdosaurus* und *Zephyrosaurus* („Westwindechse") zeigen im Körperbau nur jeweils geringe Abweichungen.

Troödontide
Sie erinnern an die Hypsilophodontiden. An ihren Zähnen lässt sich ablesen, dass sie Fleischfresser waren.

Troödom („verwundender Zahn") ist mit seinen Steakmesserzähnen ein vogelhüftiger kleiner Jäger, also so etwas wie eine fleischfressende Kuh der Urzeit. Er lebte in der späten Kreide in Nordamerika und wurde etwa 2,4 Meter lang.

Thescelosauride
Diese Familie bildet wohl den Übergang von den Hypsilophodontiden zu den Camptosauriden und vielleicht sogar zu den Iguanodontiden. Der niedrige Körper von *Thescelosaurus* („wundervolle Echse") wurde 3,4 Meter lang. Der Oberschenkel war länger als der Unterschenkel – wie beim Iguanodon. Wie der Hypsilophodon

hatte er aber Zähne mit Zahnschmelz an beiden Seiten. Er lebte im westlichen Nordamerika zur Zeit der sehr späten Kreide.

Camptosauride

Die „gebogenen Echsen" waren harmlose Pflanzenfresser. Eine breite Rinne im Unterkiefer lässt darauf schließen, dass sie eine lange, lassoartige Zunge hatten, mit der sie Blätter ins Maul zogen. Die schnitt dann der Hornschnabel ab. Folgende Gattungen sind bekannt:

Callovosaurus, der in England gefunden wurde und als früher Camptosauride 3,5 Meter lang wurde. Er lebte im mittleren Jura.

Camptosaurus, in Westeuropa und Nordamerika gefunden, wurde bis zu sieben Meter lang. Zeit: später Jura bis frühe Kreide.

Honghesaurus ist vermutlich ein chinesischer Camptosauride. Von ihm ist noch wenig bekannt.

Iguanodontide

Die „Leguanzähne" waren meistens größer als die Camptosauriden und hatten mehr Backenzähne. Die schweren Tiere, die manchmal das Gewicht eines Elefanten erreichten, wanderten in großen Herden

Camptosaurus war ein recht häufiger Pflanzenfresser der späten Jurazeit.

von einem Weidegebiet zum anderen. Bekannt sind vor allem:

Iguanodon („Leguanzahn"), mit bis zu neun Meter Länge, fünf Meter Höhe und maximal 4,5 Tonnen Gewicht ein Dinosaurier der frühen Kreide. Verbreitung: Europa, Nordamerika, Nordafrika und Mongolei.

Ouranosaurus („tapfere Waranechse") hatte einen flachen Kopf, schon ein Entenschnabelmaul und vielleicht ein Hautsegel zur Regulierung der Körpertemperatur. Länge: sieben Meter. Fundort: Westafrika. Er lebte ebenfalls in der frühen Kreide.

Probactrosaurus stammt aus der Mongolei und sieht mit seinem flachen Kopf schon

einem Hadrosaurier sehr ähnlich. Er war vermutlich ein direkter Vorfahre der Familie der Entenschnabel-Dinosaurier und lebte in der späten Kreide. Länge: sechs Meter.

Tenontosaurus („Sehnenechse") war vielleicht mit seinem endlos langen Schwanz

Iguanodon war vermutlich der am weitesten verbreitete Dinosaurier. Die Fundstellen liegen u. a. in Südamerika, auf Spitzbergen und in der Mongolei.

220

ein Hypsilophodontide. Die langen Vorderbeine deuten an, dass er öfter auf allen vieren ging. Er erreichte eine Länge von 6,5 Meter und ein Gewicht von 900 Kilo. Fossilien zeigen, dass er von viel kleineren Raubsauriern wie Deinonychus angegriffen wurde. Fundorte liegen in den USA.

Hadrosauride

Diese Dinosaurier bekamen ihren Namen nach den breiten, zahnlosen Schnäbeln, die wie Entenschnäbel aussahen. Der hintere Kiefer war mit vielen Mahlzähnen bestückt – und zwar mit mehr Zähnen als bei allen anderen Dinosauriern. Die Hadrosauriden erinnern noch an ihre Vorfahren, die Iguanodontiden, doch sind ihre Schwänze breiter und die Beine länger. Der größte Teil von ihnen hatte einen Knochenkamm auf dem Kopf. Aufgerichtet waren manche Exemplare so hoch wie ein Haus. Entdeckt und beschrieben wurden bisher:

Aralosaurus, ein früher Hadrosaurier, der am Aralsee gefunden wurde. Er besitzt noch keinen Knochenkamm, sondern nur eine kleine Erhöhung über den Augen.

Brachylophosaurus („Kurzkammechse") wurde sieben Meter lang. Aus seinem flachen, plattenförmigen Schädel ragt nach hinten ein kurzer Stachel heraus.

Claosaurus („verzweigte Echse") mit schmalem Körper und nur 3,7 Meter Länge. Zähne und Zehen erinnern an kleinere Iguanodontiden.

Edmontosaurus war mit 13 Meter Länge einer der größten Entenschnäbel. Gewicht: etwa drei Tonnen. Vielleicht hatte er aufblasbare Hautlappen, um seine bellenden Rufe zu verstärken.

Hadrosaurus („große Echse") wurde acht bis zehn Meter lang. Vermutlich nur die Männchen hatten einen Höcker vor den Augen. Über den Rücken verlief eine weiche Krause. Fundorte liegen in den USA und Kanada.

Maiasaura („Gute-Mutter-Echse") wurde in Montana (USA) entdeckt. Sie erreichte eine Länge von neun Metern. Über den Augen ragte ein kurzer Knochenstachel aus dem Kopf. Man hat Nester, Eier und Jungtiere gefunden und konnte daraus schließen, dass dieser Entenschnabel seine Jungen fütterte.

Saurolophus, neun Meter lang, lebte in Ostasien und Nordamerika und hatte einen festen, stacheligen Kamm, der vom Rücken bis zum Kopf reichte. Möglicherweise konnte auch er Hautballons im Gesicht aufblasen.

Shantungosaurus und *Tanius* wurden in China gefunden. Sie ähneln Edmontosaurus, die Shantungechse war jedoch mit 15 Meter Länge und sieben Meter Höhe noch größer als dieser.

Telmatosaurus („Sumpfechse") ist vom Schädel her ähnlich gebaut wie der Hadrosaurus. Er gehört zu den wenigen in Europa gefundenen Entenschnäbeln.

Entenschnabel-Lambeosaurier

Diese Echsen trugen große Kämme aus Hohlknochen auf dem Kopf. Bei Weibchen und Jungtieren waren sie kleiner.

Lambeosaurus („Lambes Echse"), der bekannteste Vertreter, hatte einen hohen Kamm, bei dem ein Teil spitz nach hinten und der größere Teil wie ein rechteckiges Beil nach vorn stand. Eine Art hat so etwas wie einen flachen „Schwimmschwanz".

Hypacrosaurus („Unter-der-Spitze-Echse") hatte einen kurzen, hohen Schädel und einen kleineren und dickeren Kamm als Corythosaurus. Ein zweiter, höherer Kamm auf dem Rücken diente vermutlich – ähnlich wie frühere Hautsegel – zur Wärmeregulierung. Länge: neun Meter. Fundort: Nordamerika.

Auffällig war der Knochenkamm beim Lambeosaurus.

Länge: bis zu 15 Meter. Die Fundorte liegen in Nordamerika.
Corythosaurus („Helmechse") hatte einen hohlen, schmalen Kamm wie ein Dreispitz. Mit zehn Meter Länge wog er knapp vier Tonnen.

Über eineinhalb Meter lang war der nach hinten abstehende, hohle Knochenkamm des Parasaurolophus.

Parasaurolophus trug ein nach hinten gebogenes, bis zu 1,6 Meter langes, hohles Horn. Länge: zehn Meter. Fundort: Nordamerika.

Tsintaosaurus, ein chinesischer Entenschnabel von zehn Meter Länge, hatte ein spitzes Horn über den Augen. Er sah wie das legendäre Einhorn aus.

Andere Lambeosaurier aus Zentralund Ostasien wie *Bactrosaurus, Barsboldia* oder *Jaxantosaurus* sind noch wenig bekannt.

Nipponosaurus ist möglicherweise das Jungtier eines anderen Lambeosauriers.

Pachycephalosauride

Die „Knochenschädel" werden von manchen Forschern als eigene Unterordnung der Ornithischier betrachtet. Andere zählen sie zu den Ornithopoden. Auf jeden Fall haben sie „merkwürdige" Exemplare hervorgebracht. Die dicken Schädel schützten vermutlich das Gehirn, wenn die Männchen im Kampf mit den Köpfen gegeneinander prallten. Scharfe Augen, guter Geruchssinn, kurze Arme und ein kräftiger Schwanz als Stütze beim Aufrechtstehen – das sind die wesentlichen Merkmale dieser Familie. Bekannt geworden sind zwölf Arten:

Pachycephalosaurus („Dickschädelechse") war der größte von ihnen, mit dickem, stachligem Schädel. Auch die Schnauze war mit Knochenstacheln geschützt. Am Hinterkopf befanden sich scharfe Höcker. Länge: 4,6 Meter. Fundort: Nordamerika.

Bei den Pachycephalosauriern gingen die Männchen mit ihren „Dickschädeln" aufeinander los.

Micropachycephalosaurus („winzige Dickschädelechse") aus China gehörte mit 51 Zentimeter Länge zu den kleinsten Vertretern.
Homalocephale („gleichmäßiger Kopf") ist erwähnenswert, weil aus der Form der Hüftknochen von manchen Wissenschaftlern geschlossen wird, er habe seine Jungen lebend zur Welt gebracht. Länge: drei Meter. Fundort: Mongolei.

Weitere Vertreter sind:
Goycephale aus der Mongolei, *Gravitholus* („schwere Kuppel") mit großem, breitem Schädel, *Heishansaurus* aus China, *Majungatholus* aus Madagaskar, *Prenocephale, Stegoceras* („Horndach") mit dickem, leicht gewölbtem Dach (2,5 Meter lang, 55 Kilo), *Tylocephale* („geschwollener Kopf"), *Wannanosaurus* aus China und *Yaverlandia* von der Isle of Wight.

Die vierbeinigen Ornithischier

Diese vierbeinigen Pflanzenfresser mit den Vogelhüften teilt man in drei Unterordnungen ein:
Plattensaurier *(Stegosaurier)*, Panzerdinosaurier *(Ankylosaurier)* und Horndinosaurier *(Ceratopsier)*. Man kennt inzwischen eine Familie der Stegosaurier, zwei Familien der Ankylosaurier und drei Familien der Ceratopsier.

Scelidosaurier waren vermutlich die Vorfahren der Ankylosaurier, manche Forscher rechnen sie aber noch zu den zweibeinigen Ornithopoden. Alle vierbeinigen Ornithischier hatten Hornschnäbel und ihre Hüftknochen waren wie bei den Vögeln angeordnet. Sie müssen schwerfälliger als ihre zweibeinigen Verwandten gewesen sein und mussten sich deshalb mit verschiedenen Panzern und gefährlichen Hörnern gegen die Raubsaurier schützen. *Scelidosaurus* („Gliederechse")

Scelidosaurus, einer der ältesten Ornithischier, schützte seinen Körper mit massiven Knochenplatten.

Die mächtigen Knochenplatten des Stegosaurus konnten über 60 Zentimeter hoch werden.

hatte noch „altertümliche" Merkmale: Die 3,5 Meter langen Tiere schützten ihren schweren Körper mit Knochenhöckern und Stacheln wie die krokodilartigen Vorfahren der Dinosaurier.

Lusitanosaurus („portugiesische Echse") ähnelte Scelidosaurus. Da bei beiden der für die vierbeinigen Ornithischier typische Knochenfortsatz *(Praepubis)* am Hüftknochen fehlt, hält man die Scelidosauriden für Vorläufer der Ankylosaurier, bei denen Praepubis nicht vorhanden ist.

Stegosaurier

Bei den Plattendinosauriern schützten Knochenplatten oder Stacheln Hals, Rücken und Schwanz. Vielleicht haben die großen, durchbluteten Platten auch die Körperwärme reguliert. Einige Arten besaßen hauptsächlich Platten, andere überwiegend Stacheln. Die größten Exemplare waren zweimal so lang wie ein Nashorn, aber leichter. Man nimmt an, dass sich die Stegosaurier aus kleinen zweibeinigen Ornithischiern mit Knochenhöckern auf dem Rücken entwickelten.

Stegosaurus („Dachechse") ist der größte und bekannteste Plattendinosaurier. Er war bis zu neun Meter lang und so hoch wie ein normales Zimmer. Vermutlich standen zwei Reihen spitz zulaufender Knochenplatten vom Rücken nach oben.

Manche Forscher glauben auch, dass sie auf dem Rücken lagen und so die Seiten schützten. Mindestens vier spitze Stacheln machten den Schwanz zu einer gefährlichen Waffe. Der Fundort liegt in Nordamerika, der Saurier lebte in der Zeit des späten Jura.

Dacentrurus („Schwanz mit Spitzen") stammt aus Westeuropa. Er hatte viele Stachelpaare, aber vermutlich keine Platten.

Dravidosaurus wurde in Südindien entdeckt. Dieser drei Meter lange Stegosaurier hatte ungewöhnliche, gebogene Stacheln aber auch Platten. Er lebte in der späten Kreide und war der letzte bekannte Stegosauride.

Tuojingosaurus aus Südchina hatte 15 Paare dreieckiger Platten vom Hals bis zur Hälfte des langen Schwanzes. Länge:

sieben Meter. Es gibt einen Fund, der als besterhaltener aller asiatischen Stegosauriden gilt.

Wuerhosaurus, ebenfalls aus China, hatte lange Knochenstacheln über dem Rückgrat und lange Platten am Rücken. Er war vermutlich sechs Meter lang und lebte in der frühen Kreide.

Weiter sind bekannt:

Chialingosaurus aus Südchina, *Craterosaurus* („Schalenechse") aus Südengland, *Huayangosaurus* aus China (Länge jeweils vier Meter) mit Stacheln, Platten und Vorderzähnen (also kein zahnloser Hornschnabel), *Kentrosaurus* („spitze Echse") aus Tansania mit Platten an Hals und Schultern sowie Stacheln an Rücken und Schwanz, *Lexovisaurus* aus Frankreich und *Paranthodon* aus Südafrika (Länge jeweils fünf Meter).

Mit abstehenden Stachelpaaren schreckte Dacentrurus mögliche Angreifer ab.

Lange Halsstacheln waren das besondere Kennzeichen von Acanthopholis.

Ankylosaurier

Die Panzerdinosaurier waren untersetzter als die Stegosauriden. Der größte Teil hatte kurze kräftige Beine und Körper wie Fässer. Sie waren so etwas wie die Kampfpanzer der Urzeit - die kleinsten so groß wie ein Mensch, die größten so schwer wie ein Elefant. Panzer und Stacheln waren in die Haut eingebettet und mit Horn überzogen. Mit ihren schwachen Zähnen konnten die Tiere vermutlich nur weiche, niedrigwachsende Pflanzen oder Insekten fressen. Sie entwickelten eine enorme Vielfalt, und die 32 Gattungen müssen sehr lebensfähig gewesen sein, denn sie machen fast ein Zehntel aller bekannten Dinosaurier aus. Panzerdinosaurier lebten vorwiegend in der Kreidezeit.

Nodosauriden-Ankylosaurier

Die sogenannten „Knotenechsen" waren vielleicht die ersten Panzerdinosaurier. Sie hatten noch relativ hohe, schlanke Beine und die Schwanzspitze endete noch nicht in spitzen Keulen.

Acanthopholis („Dornträger") hatte lange Halsstacheln und vielleicht Platten am Schwanz. Länge: 5,5 Meter. Fundort: England. Er lebte während der gesamten Kreidezeit.

Hoplitosaurus wurde nach den schwerbewaffneten Soldaten des antiken Griechenland benannt. Er hatte fünf Arten der Panzerung: dreieckig, rund, flach, keilförmig und stachelig. Er lebte in der frühen Kreide, der Fundort liegt in den USA.

Minmi aus Australien war der erste bekannte Ankylosaurier, bei dem sich Knochenplatten in der Körperwand entwickelten.

Ferner sind bekannt:

Brachypodosaurus („Kurzfußechse") aus Indien, *Crataeomus* („mächtige Schulter") aus Ungarn und Österreich (1,8 Meter), *Cryptodraco* („verborgener Drache") aus England, *Dracopelta* („gepanzerter Drache") aus Portugal, ebenfalls mit fünf Panzerarten (zwei Meter lang), *Hylaeosaurus* („Waldechse") aus England, mit gepanzertem Rücken und Platten, die

227

vom Schwanz abstanden (sechs Meter), *Nodosaurus* („Knotenechse") mit großen und kleinen Platten an Rücken und Seiten. Des weiteren *Palaeoscincus (*„altes Stinktier") aus Montana (sieben Meter), *Panoplosaurus* („voll gepanzerte Echse"), einer der letzten Nodosauriden Nordamerikas (sieben Meter), *Polacanthoides* aus Südengland, *Priconodon* („kegelförmiger Sägezahn") aus den USA (sechs Meter) und *Priodonthognathus* („Sägezahnkiefer") aus England mit 18 sehr großen Zähnen. Schließlich gehören auch noch dazu: *Sacolestes* mit schmalen Zähnen, *Sauropelta* („Echsenschild") mit Bändern von Schilden am Rücken (7,6 Meter), *Silvisaurus* („Waldechse") mit dicken, runden Platten auf dem Rücken (vier Meter), *Struthiosaurus* („Straußenechse") mit sechs Arten der Panzerung und großen Stacheln, die die

Schulter schützten (mit 1,8 Meter der kleinste Ankylosaurier), und zum Schluss *Tenchisaurus* aus China.

Ankylosauriden-Ankylosaurier
Die „verschmolzenen Echsen" hatten breite Schnäbel, breite Hörner, hohle Panzerplatten und starke Beinknochen. Lange Stacheln fehlten, dafür endete der Schwanz in einer Knochenkeule.
Ankylosaurus („gekrümmte Echse") ist der größte und wohl letzte Ankylosaurier, der sich entwickelt hat. Er hatte scharfe große Platten und wurde bis zu zehn Meter lang. Fundort: Nordamerika. Er lebte in der späten Kreide.
Euoplocephalus („gut gepanzerter Kopf") war in Nordamerika am weitesten verbreitet. Seinen Rücken schützten Reihen kleiner Schilde, Höckerplatten und Stacheln. Er wurde bis zu sieben Meter lang und wog rund zwei Tonnen. Zeit: späte Kreide.
Oft nur von wenigen Knochen her bekannt und deshalb sehr vage beschrieben sind folgende Gattungen:
Amtosaurus aus der Mongolei (sieben Meter), *Lametasaurus* aus Indien mit

Struthiosaurus ist der kleinste bisher bekannte Ankylosaurier.

Ankylosaurus war der größte Vertreter seiner Gattung. Eine gefährliche Waffe war die Knochenkeule am Schwanzende.

knochiger Schwanzkeule, *Peishansaurus* aus China, *Pinacosaurus* („Plankenechse"), sehr leicht gebaut und 5,5 Meter lang, *Saichanja* („der Schöne") aus China mit schwerem Panzer an Kopf und Bauch (sieben Meter) und *Sauroplites* („Echsenhoplit"), *Shamosaurus* aus der Mongolei mit schmalem Kopf (sieben Meter), *Stegosaurides, Talarurus* („Korbschwanz") mit hufartigen Nägeln an den Beinen und *Tarchia* („der Intelligente") aus der Mongolei gehören ebenfalls dazu. Der *Tarchia gigantea* war mit 8,5 Metern der größte und letzte Überlebende aller asiatischen Ankylosaurier.

Ceratopsier
Horndinosaurier waren Vierbeiner mit gewaltigen Köpfen und langen wehrhaften Hörnern. Eine Knochenkrause schützte den Hals und stützte die kraftvollen Kiefermuskeln. Diese bewegten die Kiefer, die in einem starken Papageienschnabel endeten. Damit weideten die Horndinosaurier harte Blätter ab oder wehrten sich gegen Angreifer.

Ihre Vorläufer waren die *Papageienechsen* (Psittacosauriden). Sie hatten nur kurze Knochenstacheln an den Schädelseiten sowie ein winziges Nasenhorn. Die Hände mit vier Fingern wurden zum Fressen benutzt. Die Tiere wurden bis zu eineinhalb Meter lang.

Die *Protoceratopsiden* waren kleine, noch primitive Ceratopsier mit sehr schwach entwickelten Hörnern oder Höckern.
Protoceratops („erstes Horngesicht") ist der früheste bekannte Horndinosaurier. Er hatte bereits eine breite Halskrause und Höcker über Augen und Schnauze. Länge: 1,8 Meter. Fundort: Mongolei.

Der mächtige Nackenschild und die gekrümmten Hörner schützten Chasmosaurus gut vor Angreifern

Weitere Protoceratopsiden:
Bagaceratops („kleines Horngesicht"), nur einen Meter lang, *Leptoceratops* („schlankes Horngesicht") mit flacher Halskrause, *Microceratops* („winziges Horngesicht"), klein und schlank, stammte aus der Mongolei und China, *Montanoceratops,* schon mit Nasenhorn, aber sonst wie Protoceratops, stammte ebenfalls aus der Mongolei. Er wurde etwa 1,8 Meter lang und wog 1,4 Tonnen.

Ceratopside mit langer Halskrause
Sie waren schon bis zu acht Meter lang und wogen bis zu acht Tonnen. Kennzeichnend für ihren Knochenbau waren eine lange Knochenkrause oder ein langer Knochenkamm über Hals und Schultern. Bekannt sind folgende Arten:

Anchiceratops („Fasthorngesicht") mit bereits größeren Brauenhörnern aus Kanada, *Arrhinoceratops* („Nasenhorngesicht") aus Kanada mit einer kürzeren Halskrause, Chasmosaurus („Kluftechse") mit kleinem Nasenhorn und zwei größeren Hörnern über den Brauen (5,3 Meter lang), *Pentaceratops* („Fünfhorngesicht") mit längeren Hörnern und kleineren Löchern in der Halskrause, zwei großen Brauenhörnern und kleinem Horn auf der Schnauze, sowie noch Torosaurus („Stierechse"). Mit rund acht Meter Länge war er der größte Saurier dieser Gruppe. Er wog 7,3 bis 8,2 Tonnen und kam in den USA vor.

Ceratopside mit kurzer Halskrause
Diese Horndinosaurier lebten alle in Nordamerika. Wie der Name schon sagt,

hatten sie eine relativ kurze, oft durchlöcherte Halskrause, Hörner, eine schuppige Haut und Zehen mit Hufen.

Triceratops („Dreihorngesicht") war einer der größten und vermutlich auch einer der letzten Horndinosaurier. Er war bis zu neun Meter lang und wog mehr als fünf Tonnen. Fast ein Drittel der Länge nahm der Kopf mit zwei Brauenhörnern und einem kleineren Nasenhorn ein. Viele Dinosaurier dieser Art sind nur von wenigen Knochen her bekannt, allein von Triceratops fand man Hunderte von Schädeln. Inzwischen werden 15 Triceratopsarten und fünf triccratopsähnliche Gattungen gezählt. Manche unterscheiden sich wie ein Pferd vom Zebra.

Abgesehen von Triceratops entdeckte man folgende Arten:

Agathaumas („Wunderbarer"), der vielleicht auch ein Triceratops ist, *Brachyceratops* („Kurzhorngesicht") aus Nordamerika mit kleinem Nasenhorn, *Centrosaurus* („Scharfspitzenechse") mit einem nach vorn gebogenen Nasenhorn (Länge: sechs Meter), *Ceratops* („Horngesicht") aus Nordamerika mit drei Hörnern und *Eoceratops* („frühestes Horngesicht") mit kurzem, breitem Kopf und drei Hörnern.

Monoclonius („Einhorn") hatte einen großen Nasenstachel, kleine Brauenhörner und eine kurze Halskrause mit großen Löchern. Er erreichte eine Länge von 5,5 Metern.

Pachyrhinosaurus („Dicknasenechse") besaß keine Hörner, aber einen dicken Knochenwulst zwischen den Augen, und *Styracosaurus* („stachelige Echse") hatte ein langes, gerades Nasenhorn, winzige Brauenhörner und sechs lange, nach hinten gerichtete Stacheln an der Halskrause (Länge: 5,5 Meter).

Triceratops war der größte Horndinosaurier.

Register und Glossar

Die fett gedruckten Zahlen verweisen auf Abbildungen

233

Der Autor

Klaus Gröper, geboren im Oktober 1938 in Aschersleben,
studierte nach dem Abitur im Jahre 1956 Slavistik und Publizistik.
Anschließend war er als Reporter für die „Nürnberger
Nachrichten" und beim „Südwestfunk-Fernsehen" tätig.
Als Redakteur arbeitete er bei verschiedenen Zeitschriften. Klaus Gröper hat sich
auch als Romanautor einen Namen gemacht.

Der Illustrator

Mario Kessler wurde 1948 in Heidelberg geboren.
Nach dem Abitur studierte er Grafik-Design an der
Fachhochschule München und seit 1977 ist er als freiberuflicher
Graphiker und Illustrator tätig.
1981 illustrierte er sein
erstes großes Kinderbuch. Heute lebt er
mit seiner Frau und zwei Kindern am Ammersee.